Meiner geliebten Frau und Gefährtin

auf dem mystischen Weg, Angelika Kraft,

gewidmet

Anton Uhl

Zwischen Dionysos und Buddha:

Avantgarde und Psychoanalyse

um 1910

Erster Band: Dionysos

Bibliografische Information der Deutschen Nationalbibliothek

Die Deutsche Nationalbibliothek verzeichnet diese Publikation in der Deutschen Nationalbibliografie; detaillierte bibliografische Daten sind im Internet über http://dnb.d-nb.de abrufbar.

1. Auflage Januar 2010

Herstellung und Verlag: Books on Demand GmbH, Norderstedt

ISBN 978-3-8391-2923-4

Inhalt

Das Vergangene ist der Spiegel des Gegenwärtigen,
das Gegenwärtige der Scheiterhaufen des Vergangenen. Beide
zusammen sind in ihrer Deutung ein Zugang zum Lebendigen.

Alfred Weber
(Kulturgeschichte als Kultursoziologie, 1935, Vorrede)

0. Einleitung
0.0. Abriß des Themas

Um 1910 suchen zahlreiche künstlerisch tätige Menschen, die sich oft in Gruppen um charismatische Führer zusammenfinden, nach Wegen sexuell-orgiastischer Befreiung und/oder mystischer Erleuchtung/Erlösung. Diese beiden großen Themen schlagen sich auf vielfältige Weise nieder in Malerei, Literatur, Musik, Tanz und Philosophie. Neureligiöse Bewegungen gründen sich; echte Mystiker und falsche Propheten treten auf. Die noch junge Wissenschaft der Psychoanalyse weist enge personelle und ideelle Verbindungen zu diesen Zeitströmungen auf, die bisher eher wenig Beachtung fanden. Der Autor versucht diese Zusammenhänge darzustellen. Diese „Zeitreise" lässt nicht nur damalige Kontroversen innerhalb der Psychoanalyse in neuem Licht erscheinen; sie erlaubt auch einen vermutlich unerwarteten Einblick in unsere heutige Situation.

0.1. Verwendung des Begriffs „Avantgarde"

Unzweifelhaft ist – und in einer neuesten Buchveröffentlichung (Blom) erneut belegt worden -, dass alle großen Neuerungen, die die Künste und Wissenschaften des 20. Jahrhunderts bestimmten, in der Zeit zwischen ca. 1895 und 1916 grundgelegt wurden: Expressionismus, Kubismus, Futurismus, Suprematismus und Abstraktion in der Malerei, Atonalität und Harmonielehre der Neuen Musik, Relativitätstheorie und Quantenphysik, Psychoanalyse, Auflösung des traditionellen Erzählens in Bewusstseinsstrom und Bewusstseinsfragmente in der neuen Literatur. All das ist Avantgarde. Ich spreche aber nur dort, den allgemeinen Gepflogenheiten folgend, von „Avantgarde", wo es sich um Kunst, Literatur, Tanz und Musik, auch Philosophie handelt, nicht, wenn von Wissenschaft (die freilich dort, wo sie Paradigmenwechsel anstößt, immer avantgardistisch ist) die Rede ist. Ich werde zeigen, dass die Avantgarde jener Zeit um 1910 auch den heutigen Zustand der kulturellen Sexualmoral bzw. ihres Verschwindens vorwegnimmt und dass sie auch das große Thema des „New Age", die Mystik vorweggenommen hat. Wir sind alle „Nachfahren" dieser „Vorreiter".

0.1. Blom, Philipp: Der taumelnde Kontinent. Hanser. München. 2009

1. Einflüsse aus dem 19. Jahrhundert

1.0. Einführung

Eine Reihe von Autoren des 19. Jahrhunderts haben sowohl auf die Psychoanalyse als auch auf die Avantgarde maßgeblich eingewirkt.

1.1. Arthur Schopenhauer (1788–1860)

Bei Schopenhauer sind die Welt und das Leben Ausdruck eines
blinden Willens (dem Freudschen Eros analog), der im Menschen sehend wird, sich das Licht des Bewusstseins anzündet,
erkennt, dass Leben Leiden ist und sich zu einer Verneinung des
Willens zum Leben erheben und sich somit selbst aufheben
kann. Diese Verneinung aber geschieht in einem Akt der Erleuchtung, den der junge Schopenhauer selbst erlebte. In der
Kontemplation vergisst das Individuum seinen Willen und
bleibt nur noch als „klarer Spiegel des Objektes bestehen", d.h.
als „reines, willenloses, schmerzloses, zeitloses Subjekt der Er-
kenntniß" (WWV I/1, 232). Wer dieses fühlt, der versteht die
Botschaft des advaita-vedanta „Alle diese Geschöpfe insgesamt
bin ich und außer mir ist kein anderes Wesen" (WWV I/1, 235).
Schopenhauer war der große Vermittler fernöstlicher Religion,
insbesondere des Buddhismus.

1.1. Schopenhauer, Arthur: Der handschriftliche Nachlaß.
       Arthur Hübscher (Hg.). DTV. München. 1985.
       Die Welt als Wille und Vorstellung (WWV). Züricher Ausgabe. Arthur
       Hübscher (Hg.). Diogenes. Zürich. 1977

1.2. Karl Eugen Neumann (1865–1915)

Die Lehrreden des Buddha wurden erstmals von Neumann von 1896 bis 1905 vollständig aus dem Pali-Kanon ins Deutsche übersetzt.

Neumanns Nachdichtung ist eigenwillig, sprachlich durch viele Neologismen höchst eigentümlich, aber schön. Neumanns Genie erkannte die grundlegende Übereinstimmung zwischen dem größten christlichen Mystiker Meister Eckhart und Buddha. Sein diesbezügliches Werk ist bahnbrechend.

1.2 Neumann, Karl-Eugen: Die innere Verwandtschaft buddhistischer und christlicher Lehren. 1891. (Fundstelle: Zotz, 92)

Zotz, Volker: Auf den glückseligen Inseln. Theseus. Berlin. 2000

1.3. Friedrich Nietzsche (1844–1900)

Alle Avantgardisten, die die traditionelle christliche oder jüdische Moral außer Kraft setzen wollten, taten dies, sofern sie sich überhaupt die Mühe einer Begründung machten, mit Berufung auf Nietzsche, der dem zukünftigen dionysischen Gott und Menschen die „furchtbare That und jeden Luxus von Zerstörung" (KGW VI 3, 423) zugestand. Da viele von ihnen sich in narzisstischer Selbstüberschätzung für Übermenschen hielten, sahen sie sich selbst wie Nietzsche jene als notwendige „Brecher" der alten Werte und als Verbrecher nur in den Augen der

Gesellschaft, deren Gebote sie überwinden zu müssen glaubten (KGW VI 1, 262). Fast alle diese anarchistischen Geister von Schiele über Mühsam bis zu Gross machten sich Nietzsches Denunziation der christlichen Moral als einer „Sklaven-Moral" zu eigen („Genealogie der Moral") und verherrlichten das dionysische Lustprinzip. In seiner Moralschrift hatte Nietzsche ein Anwachsen des Schuldgefühls im Abendland diagnostiziert, was Freud im „Unbehagen in der Kultur" auch so sah. Nietzsche wie Freud führten das Schuldgefühl auf verinnerlichte Aggression zurück, was Nietzsche der christlichen Gottesvorstellung (KGW VI 2, 345f.) anlastete, Freud aber als eine Folge des notwendigerweise im Kulturfortschritt erstarkenden Über-Ich ansah. Nietzsches Lösung bestand bekanntlich in der „Tötung Gottes" (und zwar des christlichen) und seine – zukünftigen Generationen vorbehaltene – Ersetzung durch Dionysos. Seine Formel lautete „Dionysos gegen den Gekreuzigten" (vgl. Uhl, 384 ff.). Den Buddhismus, der in Nietzsches Augen wie Schopenhauer auf Verneinung des Willens setzt, lehnte der Bejaher des „Willens zur Macht" ab. In der Avantgarde aber finden sich paradoxe Versuche, das dionysische Prinzip mit Buddhismus zu vereinen.

Im übrigen ist es sonderbar, dass ausgerechnet Nietzsche als sexueller Befreier herhalten musste und als Verkörperung des

Übermenschen. War er selbst doch nur ein einsamer Masturbant (weshalb sich Cosima Wagner Sorgen um seine Gesundheit machte), der es in seinem ganzen Leben nicht schaffte, auch nur einmal eine sexuelle Beziehung mit einer Frau einzugehen. Manche vermuten, er sei homosexuell gewesen; beweisen lässt es sich nicht. Ziemlich sicher ist, dass er sich als junger Mensch während eines Sängerfestes in Leipzig vermutlich durch eine Prostituierte mit Syphilis infizierte (Janz I, 202). Er erkrankte an progressiver Paralyse und starb in geistiger Umnachtung. Thomas Mann hat die mutmaßlichen Umstände von Nietzsches Infektion und geistiger Erkrankung in „Doktor Faustus" literarisch verwendet.

1.3. Janz, Curt: Friedrich Nietzsche. Hanser. München. 1978

Nietzsche, Friedrich: Werke. Kritische Gesamtausgabe. Colli G. (Hg.). De Gruyter. Berlin. 1967 ff.

Uhl, Anton: Leiden an Gott und Mensch. Nietzsche und Dostojewskij. Concilium. Mai 1981

1.4.   Eduard von Hartmann (1842–1906)

Hartmanns Erstling „Die Philosophie des Unbewussten" (1868) wurde ein philosophischer Bestseller, dessen Einfluss sich auch, wenn auch viel weniger deutlich als der Haeckels, in Freuds (und Jungs) Werk findet. Doch Hartmann war vor Freud bereits weit über Freud hinausgegangen, als er ein metaphysisches Unbewusstes dachte, das dem Weltprozess als Wesen zugrunde liegt. Hartmann selbst erkannte die Übereinstimmung seiner Konzeption mit den großen Mystikern und idealistischen Philosophen. Sein metaphysisches Unbewusstes fand er wieder in Spinozas „Substanz", Fichtes „Ich", Schellings „unbewusstem Geist", Hegels „absolutem Subjekt", Schopenhauers „Wille". Hartmann sprach dem metaphysischen Unbewussten zwei Attribute zu: den blinden Willen, der wie bei Schopenhauer die Welt kontinuierlich schafft und die logische Idee oder Vorstellung, durch die die unbewusste universale Intelligenz den Weltprozess steuert. Im Einklang mit Schopenhauer zog Hartmann eine Unlustbilanz der Welt. Im Menschen gelangt der blinde Weltwille zum Bewusstsein seiner selbst und kann erstmals sein Nichtwollen wollen. So kann die Menschheit vielleicht eines fernen Tages bewusst den Weltschöpfungsprozess aufheben und den seligen Urzustand des Nichtseins, des reinen, leeren Ursprungs herbeiführen, der der Existenz der Welt vorzuziehen sei. Der Mensch solle seine ganze Kraft einsetzen, um die Höhe dieses kosmischen Bewusstseins bei möglichst vielen Menschen zu erringen und zu verbreiten.

Hartmanns faszinierender Entwurf ist heute vergessen. Schon Solowjew nahm Anstoß am Pessimismus des Philosophen, so wie viele ja auch vom eisgrauen Pessimismus des alten Freud abgestoßen sind. Freuds Grundthese im „Unbehagen in der Kultur", dass der Mensch aus innerem Antrieb gezwungen sei, das Glück zu suchen, dass dieses Glück für den Menschen aber zwangsläufig unerreichbar sei, ist in exakter Übereinstimmung (bis in die Mephisto-Zitate hinein) mit Hartmann und seinem Vorgänger Schopenhauer. Freud war zu sehr Materialist, als dass er Hartmanns Metaphysik hätte gelten lassen können. Doch im Alter, als er die Existenz der Telepathie nicht mehr bestreiten, ihr Rätsel aber nicht entschlüsseln konnte, hätte er sich auf Hartmann besinnen können, der die Telepathie ganz einfach erklärt – als eben eine der Funktionsweisen des metaphysischen all umfassenden Unbewussten, an der einzelne Individuen zeitweilig partizipieren können.

1.4. Hartmann, Eduard von: Philosophie des Unbewußten. Neuausgabe der ersten Auflage. Lütkehaus, Ludger (Hg.). Olms. Hildesheim. 1989

1.5. Ernst Haeckel (1834–1919)

Haeckel war einer der ersten überhaupt und der erste Deutsche, die sich für Darwins Evolutionstheorie einsetzten. Er war ein hervorragender Naturforscher. Er erkannte als erster, dass die alte Zweieinteilung in Tiere und Pflanzen nicht mit der Evolution vereinbar war. Er nahm ein drittes „Reich der Monera" an, Lebewesen, die weder Tiere noch Pflanzen waren, aus denen sich aber

Tiere und Pflanzen entwickelt haben (Margulis, 78). Die neueste Taxonomie der Biologie von Lynn Margulis (70) fußt auf Haeckel, hat dessen Monera jedoch in frühere Bakterien und spätere Protisten aufgeteilt und ein Reich der Pilze hinzugefügt, so dass sich 5 Reiche ergeben. Haeckels „Generelle Morphologie" (1866) erklärt die Entwicklungsgeschichte der Individuen (Ontogenie) und der Arten (Phylogenie). Das biogenetische Grundgesetz besagt, dass die Ontogenie eine abgekürzte Wiederholung der Phylogenie ist. Freud hat diesen Gedanken unmittelbar von Haeckel übernommen (was Jones noch weiß, vgl. III, 383) und auf die Psychologie angewendet (z.B. „Übersicht der Übertragungsneurosen", 1915); ebenso verfuhr Ferenczi in seinem „Versuch einer Genitaltheorie" (1924). Wie Haeckel so war auch Freud Neo-Lamarckist, da beide an die Vererbung erworbener Eigenschaften glaubten („archaische Erbschaft", „Erbspuren im Es", „Urphantasien"). 1906 gründete Haeckel den „Deutschen Monistenbund". Monismus bedeutet, dass es nur eine einzige Substanz, Spinozas „deus sive natura" geben soll, die allen Erscheinungen/Lebewesen/ Formen zugrunde liegt („Die Welträthsel", 1899). Es ist dies eine pantheistische Konzeption, die sehr gut mit mystischen Anschauungen kompatibel ist, auch wenn sie nicht durch mystische Erfahrung gefunden und begründet wurde.

Haeckel sah die Materie als belebt und beseelt an. Darin war er G.T. Fechner ähnlich. Wie heute der spirituelle Evolutionist Ken Wilber, sprach Haeckel vom Guten, Wahren und Schönen als den drei höheren Gottheiten, die der Monist verehre. Haeckel schuf den Begriff der „Zellseele", d.h. er war überzeugt, dass auch die kleinsten Teile des Organismus beseelt sind, Empfindungen und ein einfach geartetes Bewusstsein haben. So denkt heute auch Lynn Margulis. Die Evolution der Seelen aber sei an Materie und Gehirnfunktionen gebunden. Haeckel sprach wie Freud von einem „Seelenapparat" und führte seine Gedanken auf die Lehre des Empedokles vom Hassen und Lieben der Elemente zurück. Bekanntlich fand auch Freud seine Triebtheorie von 1920 bei Empedokles vorgedacht. All diese eklatanten Übereinstimmungen zwischen Haeckel und Freud sind z. B. weder von Sulloway noch von Grubrich-Simitis erkannt und benannt worden. Grubrich-Simitis scheint sich zwar für Freuds Lamarckismus zu schämen, ordnet diesen aber niemals in der Herkunft Haeckel, den sie gar nicht erwähnt, zu. Die Scham ist übrigens unnötig, da die neueste Evolutionsbiologie (Margulis) sich wieder als neo-lamarckistisch bekennt. Dass H. auch sozialdarwinistische Ideen hatte, wird kein Kundiger bestreiten. Ihn aber darauf festzulegen, einzuengen und mit späteren destruktiven Sozialdarwinismen (Hitler) zu vergleichen, wie Amery es tut, wird H. nicht gerecht und zeugt von Unkenntnis seiner Größe. Haeckel war pantheistischer Darwinist, Freud blieb atheistischer Darwinist. Zu den Gründungsmitgliedern des DMB gehörten Franz von Stuck und Bruno Wille. 1911 bis 1915 war Wilhelm Ostwald (1853–1932) Vorsitzender des DMB.

Die universelle Liebe ist nach Ostwald die kosmische Energie, die die „Astralwelten, die ungeheuren Sonnen, Sternensysteme und alle Organismen" (Ricci, 36) führe und leite. Seeck glaubt (wahrscheinlich fälschlich) einen Einfluß Ostwalds auf Freuds Libidobegriff erkennen zu können. Ostwald kooperierte mit der Abstinenzler -, der Bodenreform -, der Sexualreform - und der Frauenbewegung (37).

1.5. Amery (s. 2.3.3.4.2.)

Freud, Sigmund: Übersicht der Übertragungsneurosen. Grubrich-Simitis, Ilse (Hg.). Fischer. Frankfurt/M. 1985

Jones, Ernest,: Sigmund Freud. DTV. München. 1984

Mittelstraß, Jürgen (Hg.): Enzyklopädie Philosophie und Wissenschaftstheorie. Metzler. Stuttgart. 1995

Margulis, Lynn: Die andere Evolution. Spektrum. Heidelberg. 1999

Ricci, Fabio: Ritter, Tod und Eros. Böhlau. Köln. 2007

Seeck, Andreas: Wilhelm Ostwald, Monistenbund, Energie und Sexualwissenschaft. In: Mitteilungen der Magnus-Hirschfeld Gesellschaft 22/23. Berlin. 1996. S. 67-97.

1.6. Helena Petrovna Blavatsky (1831–1891)

Die 1875 unter der Leitung der schillernden Madame B. gegründete Theosophische Gesellschaft (TG) versuchte buddhistische Lehren mit modernem Evolutionismus zu verbinden. B. gab vor, telepathisch und mittels sich materialisierender Briefe, mit tibetischen Mahatmas in Verbindung zu stehen, die angeblich durch übersinnliche Kräfte die Höherentwicklung der Menschheit befördern sollen. Obwohl sie kein Tibetisch konnte, ein von ihr benutzter „gechannelter" heiliger Text als Plagiat eines bereits an entlegener Stelle veröffentlichten Textes entlarvt wurde und die „Society for Psychical Research" (der auch Freud als Mitglied angehörte) unter Leitung von Sidgwick ihr absichtsvollen Betrug und Taschenspielertricks bei ihren Séancen nachwies, erfreute und erfreut sich bis heute Madame B. bei ihren zahlreichen Anhängern uneingeschränkter Beliebtheit und Verehrung. Ihr Einfluß auf die Avantgarde um 1910 ist enorm. Ihre „Geheimlehre" (1888), die heute wieder ein einer leicht zugänglichen, kommentierten Ausgabe vorliegt, fand trotz ihrer wirren Phantasien über Kosmogonie und Anthropogenie und ihrer verquasten Rassenlehre weite Verbreitung.

Die unglaubliche, aber wahre Geschichte der Zeit nach B.s Tod aber ist, dass die Theosophen sich auf die Suche nach dem Erlöser, dem Weltlehrer unserer Zeit machten und dass es der Päderast Leadbeater war, der diesen Heiland in Indien in Gestalt eines außerordentlich schönen, von einer reinen Aura umgebenen Jünglings, der sich später Krishnamurti nannte, fand.

Unglaublich, aber wahr ist die Geschichte deshalb, weil K. tatsächlich zum Erleuchteten wurde. 1911 gründeten Leadbeater und Besant den „Orden des Sterns im Osten" mit K. als Führer. Dies veranlasste Rudolf Steiner, der keinen Gott neben sich dulden konnte, sich mit seinen Anhängern von der TG abzuspalten und die Anthroposophie zu begründen. K. löste zum allgemeinen Entsetzen 1929 den Orden auf, weil er sich nicht als „Krücke" für andere missbrauchen ließ. K. hat sich letztendlich tatsächlich als ein wahrhaft Erleuchteter, als Weltlehrer erwiesen, wenn auch nicht im Sinne seiner Finder.

1.6.   Blavatsky, Helena: Die Geheimlehre. Troemel, Hank (Hg.). Nikol. Hamburg. o. J.

Lutyens, Mary: Krishnamurti. Aquamarin. Grafing. 1991

Meade, Marian: Madame Blavatsky. The women behind the myth. New York. 1980

2.   Erster Themenschwerpunkt: Sexualleben um 1910

2.0.   Einführung in die "Welt von Gestern" (S. Zweig)

Freud sprach von der „Heuchelei", mit der die Kultur behaftet sei und meinte damit u.a. die Tatsache, dass man, wie Zweig es beschreibt, die Sexualität als störendes Element empfand, welches man, wo es sich außerhalb des „Anstandes" der bürgerlichen Ehe abspielte, beschwieg. Selbst Charcot hatte gegenüber Freud zugegeben, die sexuelle Ätiologie der Hysterie zu kennen, aber nicht öffentlich nennen zu dürfen. Man verbot jungen Männern nicht, ihre Sexualität zu leben, aber man erwartete, dass sie es „unsichtbar" täten. Sex aber war, obwohl vom offiziellen Diskurs weitgehend ausgeschlossen, in der „inoffiziellen Welt" omnipräsent. In jedem Wirtshaus boten Hausierer Pornofotos den Adoleszenten an. Es gab pornografische Romane und 1910 auch schon pornografische Filme, die in Hinterzimmern gezeigt wurden. Der Sex drang dieser Gesellschaft aus allen Poren, aber geredet wurde darüber in einem öffentlichen Diskurs nicht. Frauen der höheren Gesellschaftsschichten sollten sexuell unwissend und unerfahren bleiben; erst in der Ehe sollten sie „geweckt" werden – vom Ehemann, dem sie sexuell hörig sein sollten, geformt. (Das funktionierte natürlich nicht, aber man glaubte, dass es funktioniere.) Vom jungen Mann wurde offiziell Anstand, inoffiziell erwartet, dass er sich die Hörner abstoße. Manche Väter engagierten einen Arzt, der den Sohn aufklären und mit Verhütung und Schutz gegen Geschlechtskrankheiten vertraut machen sollte. So tat es Freud mit seinen Söhnen. Andere „engagierten für das Haus ein hübsches Dienstmädchen, dem die Aufgabe zufiel, den jungen

Burschen praktisch zu belehren. Denn es schien ihnen besser, dass der junge Mensch diese lästige Sache unter ihrem eigenen Dache abtäte, wodurch nach außen das Dekorum gewahrt blieb und außerdem die Gefahr ausgeschaltet, dass er irgendeiner „raffinierten Person" in die Hände fallen könnte. Eine Methode der Aufklärung blieb aber (…) verpönt: die öffentliche und aufrichtige" (Zweig, 104).

Das Sexualproblem dieser Art betraf nur die bürgerliche Welt. Freud schrieb an seine Braut in der allzu langen Verlobungszeit, die ihnen bei aller Sehnsucht Abstinenz abverlangte: „Das Gesindel lebt sich aus und wir entbehren" (29.8.1883). Auf dem Lande schlief der Knecht schon mit 17 mit der Magd. In den Alpendörfern überstieg die Zahl der unehelichen Kinder die der ehelichen bei weitem. In der Arbeiterschaft lebte man in „wilder Ehe" zusammen. Bei den galizischen Juden wurde der 17-jährige Mann bereits verheiratet. Aber im Bürgertum war die Frühehe verpönt oder gar nicht praktikabel, musste doch eine lange Ausbildungszeit durchlaufen werden, bevor ein Mann eine gesellschaftlich-berufliche Stellung erlangt hatte, in der er heiratsfähig war.

Was war für junge Männer der Ausweg? Nur Reiche wie in „Swanns Welt" (Proust) konnten sich eine Mätresse leisten. Einige hatten ein Verhältnis mit einer verheirateten Frau – wie Puccini. Andere schliefen mit Verkäuferinnen oder Kellnerinnen – wie

Musil oder der „Rattenmann". Manche dieser Mädchen waren so armselig, dass man sich nur in Chambres Séparées treffen konnte. Manche vergnügten sich mit Tänzerinnen, Künstlerinnen, Schauspielerinnen wie Karl Kraus und viele der hier erwähnten Künstler. Aber das Üblichste war doch der Gang zur Prostituierten. Schon Georg Simmel (1891, G.A. 17,251) hatte in seinen Reflexionen zur Prostitution erkannt, dass es die Zeitdifferenz zwischen eingetretener Geschlechtsreife und Heiratsfähigkeit war, die im Verein mit der großen Armut vieler Frauen (und ihrer Familien) zwangsläufig Nachfrage und Angebot der Prostitution erzeugen musste. Prostitution war damals ungeheuer verbreitet. Während man heute (nach Hydra) davon ausgeht, dass es in Deutschland rund 12 Millionen Freier gibt, was bedeutet, dass jeder dritte Mann regelmäßig zu einer Prostituierten geht, deren Zahl man auf 400.000 schätzt, wobei 6 Milliarden Euro Umsatz im Jahr erwirtschaftet werden, so muss man für Wien im Jahr 1910 eine weitaus höhere Zahl an Prostituierten relativ zur Gesamtzahl der Bevölkerung annehmen und eine Zahl der Freier, die bei weitem die Mehrzahl der männlichen Bevölkerung repräsentierte.

Es gab so viele Straßenprostituierte, „dass es schwerer hielt, ihnen auszuweichen, als sie zu finden" (Zweig, 107). Darüber hinaus gab es Nachtlokale, Kabaretts, Tanzdielen, Bars. In allen war käufliche Begleitung zu finden. Mit derselben Leichtigkeit, mit der man sich Zigaretten oder eine Zeitung kaufte, kaufte man sich eine Frau für eine Viertelstunde (107). Prostitution wurde von vielen stillschweigend als die Institution akzeptiert, die den vor- und außerehelichen Sex kanalisierte. Prostituierte hatten in Österreich Gewerberecht und unterlagen der ärztlichen Gesundheitskontrolle, zumindest die, die registriert waren.

Zwischen Edelprostituierten und „Billighuren" (womit ich keinen Unterschied im menschlichen Wert, nur im Preis bezeichnet wissen will) gab es große Unterschiede in der Behandlung durch die Gesellschaft: „Eine Balletttänzerin, die für 200 Kronen in Wien ebenso zu jeder Stunde und für jeden Mann zu haben war wie das Stubenmädchen, brauchte selbstverständlich keinen Gewerbeschein; die großen Demimondaines wurden sogar in der Zeitung in dem Bericht über das Trabrennen (…) unter den prominenten Anwesenden genannt, weil sie eben schon zur „Gesellschaft gehörten"" (109). Wie das Beispiel Kalmar zeigt (2.9.3.3.) konnte diese Prominenz aber auch ins Gegenteil, die öffentliche Brandmarkung umschlagen. Natürlich unterlagen Vermittlungsagenturen für Edelmodelle für Adel- und Bürgertum nicht der Strafverfolgung. Einzelne Straßenzüge – wie der Graben – waren für Prostituierte Stammgebiet, daher die Bezeichnung „Grabennymphe" oder „Strichmädchen", nach dem unsichtbaren Strich, der ihr Revier abgrenzte. In Salons und Bordellen boten sich wie in

Schnitzlers „Traumnovelle" geschildert, Edelprostituierte bei Kerzenschein und Klavierspiel in Negligés an. Wie Proust beschrieb, gab es auch Bordelle für homosexuelle Männer, die durch halb durchlässige Spiegel voyeuristische Einblicke erlaubten. Rollenspiele fanden statt. Alle sadomasochistischen Praktiken wurden ausgeübt. Die gleiche Gesellschaft, die hinter verschlossenen Bordelltüren Gruppensex betrieb, fand es vor diesen Türen unschicklich, wenn Damen Fahrrad fuhren. Nur selbstbewusste Frauen wie Alma Schindler oder Gabriele Münter taten so etwas.

Natürlich war Syphilis weit verbreitet. Ein prominenter Betroffener war Nietzsche. Viele erschossen sich nach Diagnosestellung, da die einzig mögliche Quecksilberbehandlung schreckliche Nebenwirkungen hatte. Vor diesem Hintergrund muss man die folgende Freudsche Schrift sehen.

2.0. Freud, S.: Briefe 1873-1939. Freud, Ernst (Hg.). Fischer. Frankfurt/M. 1980

Hamann, Brigitte: Hitlers Wien. Piper. München. 1998

Simmel, Georg: Gesamtausgabe. Behr, Michael (Hg.). Suhrkamp. Frankfurt/Main. 1995

Zweig, Stefan: Die Welt von Gestern. Büchergilde Gutenberg. Frankfurt/M. 1992

2.1. S. Freud: Die kulturelle Sexualmoral und die moderne Nervosität

Die Schrift stellt die Position Freuds zur sexuellen Frage um 1908 dar. Freuds Grundthese ist, dass jedes Individuum ein konstitutionell festgelegtes Maß an sexueller Befriedigung nötig hat. Wird dieses unterschritten, so ist Neurose die Folge. Freud setzt voraus, dass es einen evolutionär vorgezeichneten Entwicklungsweg der Psychosexualität gibt, der vom Autoerotismus zur Objektliebe sich erstreckt, wobei die (perversen) Partialliebe dem Genitalprimat zum Zwecke der Fortpflanzung untergeordnet werden müssen. Freuds Modell ist normativ, weil er ein biologisches und kulturelles Ziel der Sexualentwicklung, nämlich die Fortpflanzung postuliert. Aus diesem Schema ergeben sich drei Kulturstufen. Auf der ersten, der polymorph-perversen Sexualität des Säuglings und Kleinkindes ist die Sexualität frei, auf der zweiten ist alles unterdrückt, bis auf dasjenige Sexuelle, das der Fortpflanzung dient, auf der dritten Kulturstufe wird nur die legitime (eheliche) Fortpflanzung als Ziel zugelassen. Diese letztere, heute noch in der katholischen Sexualmoral fortgeschriebene Stufe war die 1908 noch in den gebildeten Schichten generell offiziell vertretene Sexualmoral. Doch schon 1908 wurde sie von sehr vielen Menschen nicht eingehalten, die sie gleichwohl propagierten, was Freud „Kulturheuchelei" nennt.

Nach Freud sind viele Menschen bereits mit dem ersten Kultur-
schritt überfordert: sie bleiben autoerotisch und gelangen nicht
zur Objektliebe (narzisstische Neurosen, später so genannt) oder
sie können ihre perversen Neigungen nicht dem Genitialprimat
unterordnen. Aber auch die von den Perversen unterschiedenen
Homosexuellen finden nicht den Weg zur kulturtragenden Fort-
pflanzungssexualität, obwohl sie ansonsten durch besondere
Sublimierungsleistungen wertvolle Beiträge zur Kunst und Kultur
beisteuern. Die Perversen aber leben nur offen aus, was die Neurotiker, im Unbewußten auf dieselben Inhalte fixiert, verdrängen.
Die Neurose ist lediglich das Negativ der Perversion. Die Unter-
drückung der pervers gebliebenen Triebe bei den Neurotikern
lässt diese energetisch verarmen und erkranken. „Alle, die edler
sein wollen, als ihre Konstitution es ihnen gestattet, verfallen der
Neurose; sie hätten sich wohler befunden, wenn es ihnen möglich
geblieben wäre, schlechter zu sein" (G.W. VII, 154).

Häufig seien die Männer „gesund, aber in sozial unerwünschtem
Maße unmoralisch, die Frauen edel und überverfeinert, aber
schwer nervös" (154). Es sei sozial ungerecht, dass die Gesellschaft von allen die gleiche hohe Leistung in der Kontrolle sexuellen Verhaltens fordere, zu der einige konstitutionell geeignet
seien (Kultureignung), die andere aber überfordere und ihnen
schwerste psychische Opfer abverlange. Andererseits suche man

eben häufig einfach den Ausweg der Nichtbefolgung der Moralvorschriften. Wenn schon das Erreichen der zweiten Kulturstufe für viele Menschen zu schwer sei, so müsse die dritte Stufe, die Beschränkung des Sex auf die Ehe noch mehr Schaden anrichten. Abstinenz bis zur Ehe zu fordern, überfordere fast alle. Auch die Ehe selbst bringe nicht die erhoffte sexuelle Erfüllung, da nach einer größeren Kinderzahl der Sexualverkehr beschränkt werden müsse oder aber der sexuelle Genuß durch den Gebrauch von Kondomen oder Pessaren beeinträchtigt sei. Die Gesellschaft selbst glaubt nicht an die Durchführbarkeit der Abstinenz und gestattet faktisch zumindest den Männern eine doppelte Sexualmoral. Wie wir von Zweigs Schilderung wissen, legten sogar – wie im Falle etwa Alban Bergs – Eltern ihren Söhnen junge Hausangestellte ins Bett, in der Absicht deren Sexualtrieb in kontrollierte, berechenbare Bahnen zu lenken, mit für die so häufig gezeugten Kinder und ihre mit Geld abgefundenen Mütter unerträglichen Folgen. So wurde Alban Berg nach der Premiere des „Wozzeck" von einer jungen Dame angesprochen, die sich ihm als seine Tochter vorstellte (Knaus, 20).

Auch viele Prostituierte bekamen Kinder. Edith Piaf ist so ein Kind gewesen und hat unsäglich darunter gelitten. Für unbefriedigte junge unverheiratete Mädchen und auch Ehefrauen war die Situation um 1910 noch problematischer. Die sexuell unbefriedigte Alma Schindler beklagte, nicht wie Klimt sich Sex einfach kaufen zu können. Da die Frauen der höheren Schichten sexuell unwissend gehalten wurden und als Jungfrauen in die Ehe zu gehen hatten, waren sie oft genug frigide, durch die Erziehung geradezu zur Frigidität herangezüchtet. Den Frauen blieb häufig nur die Wahl zwischen unerfülltem Sehnen, Untreue oder Neurose.

Auch die Masturbation bot keinen Ausweg. Sie galt, sofern sie den Frauen überhaupt geläufig war, immer noch als Ursache für geistige Minderwertigkeit. So glaubte zum Beispiel Tilly Wedekind durch häufiges Onanieren geistig minderwertig geblieben zu sein. Auch Freud, der diese Auffassung bestritt, hatte Vorbehalte gegenüber der Onanie. Sie disponiere wegen der unvollkommenen Form der Befriedigung zur Aktualneurose, verderbe andererseits auch durch Verwöhnung den Charakter. Wer masturbiert, braucht keine Frau zu erobern und seine Phantasien täuschen ihm eine Vollkommenheit vor, die die Realität nicht aufweist. Deshalb konnte Karl Kraus sagen: „Der Koitus ist nur ein ungenügendes Surrogat für die Onanie!" (163). Wieviel mehr gilt dies heutzutage für die über das Internet überall und jederzeit mögliche pornografiegestützte Masturbation! Angst vor Syphilis und Empfängnis bewirkten – so Freud –. eine Zunahme perverser Sexualpraktiken anstelle des zurücktretenden vaginalen Verkehrs. Diese Praktiken seien, so Freud, „ethisch verwerflich, da sie die

Liebesbeziehungen zweier Menschen aus einer ernsten Sache zu einem bequemen Spiele ohne Gefahr und ohne seelische Beteiligung herabwürdigen" (163). Dieser Satz zeigt wieder das normative Element bei Freud. Liebe, seelisch tief und ernsthaft, ist der höchste Wert, dem der Sex zu dienen hat. Sex ist bei Freud, anders als heute in der Spaßgesellschaft, keinesfalls „just for fun". Auch das ist ein Standpunkt, den heute wohl nur noch die katholische Kirche, der Freud feind war, wie sie ihm feindlich gesonnen war, einnimmt!

Freud glaubt nun beobachtet zu haben, dass alle Männer, die sich vor der Ehe pervers oder masturbatorisch betätigt haben, in der Ehe eine schlechte Potenz entwickeln, weshalb die Frau unbefriedigt bleibt und die Ehe bald in Asexualität endet. Hinzu kommt die zeittypische Spaltung des Sexlebens vieler Männer, die Freud ebenfalls als erster (1912) beschrieb: der Mann ist bei der Prostituierten, die er verachtet, potent, bei der geachteten Ehefrau aber impotent. Die unbefriedigte Frau aber wendet sich dem männlichen Kind zu, „auf das sich ihr Liebesbedürfnis überträgt und weckt in demselben die sexuelle Frühreife" (166). Eine interessante Bemerkung zur Genese des Ödipuskomplexes! Schließlich führe die sexuelle Einschränkung zu einer Zunahme von Lebensängstlichkeit und Todesangst (Aktualneurose) und äußere sich schließlich in einer verminderten Neigung zur Kinderzeugung.

Deshalb tritt Freud für eine Reform, eine Lockerung der kulturellen Sexualmoral ein, die – wie aus anderen Stellen hervorgeht - insbesondere den Frauen einen freieren Umgang mit vorehelichen sexuellen Erfahrungen erlaubt und das Erfordernis der Virginität auflöst. Niemals aber hätte Freud eine Abschaffung der Sexualmoral und der Familie, wie Mühsam und Gross sie fordern sollten, befürwortet. Die Familie war, wie Schröter anhand der „Kinderbriefe" Freuds gezeigt hat, neben der Wissenschaft der höchste Wert für Freud.

Freuds Überlegungen gelten für die höheren gesellschaftlichen Schichten, nicht für die Arbeiterschaft, das Proletariat und die einfache Landbevölkerung, in der die Zahl der unehelichen Kinder die der ehelichen oftmals übertraf. Sie gelten aber auch kaum für die Bohème und die Avantgarde, der ich mich jetzt in meiner Darstellung zuwende.

Abschließend sei mir noch eine kurze Gegenüberstellung mit unserer heutigen Situation gestattet. Freud schreibt 1908: „Es ist wirklich für den Uneingeweihten ganz unglaublich, wie selten sich normale Potenz beim Manne und wie häufig sich Frigidität bei der weiblichen Hälfte der Ehepaare findet, die unter der Herrschaft unserer kulturellen Sexualmoral stehen" (G.W. 7, 164).

Heute ist die damalige Sexualmoral längst abgeschafft und bei der Mehrheit durch „anything goes" ersetzt. Außer Pädophilie und Verstümmelungen/Tötungen ist fast alles erlaubt, sofern die erwachsenen Sexualpartner zustimmen. Hat das tatsächliche Sexualverhalten in Paarbeziehungen sich infolgedessen frei entfaltet?

Nein. Im Gegenteil. Die vielen Studien, die in westlichen Industriegesellschaften durchgeführt wurden, zeigen einen einhelligen Trend: „weite Teile der heterosexuellen Welt seien „sexuell sehr inaktiv"" (Schmidt, 18). Eine Erklärung hierfür ist die mediale Pornografisierung der Gesellschaft, die einerseits zur weitverbreiteten Ersetzung des realen Geschlechtsverkehrs mit Partner durch internetgestützte (überall und jederzeit abrufbare) Masturbation und andererseits zu einem sexuellen Überdruß durch Übersättigung und Überstimulierung geführt hat. Manche Menschen (auch Paare) zeigen eine sexuelle Indifferenz als unbewußte Abwehrreaktion.

2.1.   Freud, Sigmund: Gesammelte Werke (G.W.) Fischer. Frankfurt/M. 1960

Knaus, Herwig: Alban Berg. Residenz. Salzburg. 2008

Schmidt, Gunther: Das Verschwinden der Sexualmoral. Klein. Hamburg. 1996

2.2. Avantgarde und Sexualität am Beispiel von Einzeldarstellungen weiblicher und männlicher Schlüsselfiguren

2.2.0. Einführung

Statistische Erhebungen oder Überblicksdarstellungen wie die von Beyme vermitteln kein anschauliches Bild vom tatsächlichen sexuellen Leben der Avantgarde. Das können nur Einzeldarstellungen leisten.

2.2.1. Die reiche, talentierte Adelige und der mittellose Maler: Marianne von Werefkin (1860–1938) und Alexej Jawlensky (1864–1941)

W.s Vater war Festungskommandant in Petersburg, die Familie reich. W. wurde früh zur Malerin ausgebildet. In der Malklasse bei Repin, mit dem sie ein Verhältnis gehabt hatte, lernte sie J. kennen. Der Offizier war ein stadtbekannter Schürzenjäger. W. stellte ihm zur Abreaktion seiner sexuellen Bedürfnisse ihre Zofe zur Verfügung (Möller, 125). Das hinderte J. aber nicht daran, sich in ein zehnjähriges, armes Mädchen, das W. aus Mitgefühl aufgenommen hatte, zu verlieben. Auf diese Helene, die J. viele Male malte, war W. höchst eifersüchtig. Sie schien auch zu wissen, dass sie von J. nicht geliebt wurde, hielt aber in masochistischer Unterwerfung an ihm fest. Als eine gute Mutterfigur, die sie für ihn war, verschaffte sie ihm durch ihre Beziehungen eine vorzeitige Entlassung aus dem Militärdienst und eine Pension. J. musste allerdings im Gegenzug W.s Vater schriftlich versprechen, seiner Tochter ewig treu zu sein (127). Mit W.s Geld bezog man in München (Giselastr. 23) eine herrschaftliche Wohnung mit Salon und Atelier. Helene, jetzt schon 14, war natürlich mit von der Partie. Aber H. genügte J. nicht; er hatte zahlreiche Affären, oft mit den Schülerinnen seiner Malklasse, zu denen die leider (malerisch) gänzlich talentlose (aber erotisch begabte) Franziska Gräfin zu Reventlow zählte.

W. gab für 10 Jahre das Malen auf, weil J. auf ihr Können, das das seinige übertraf, eifersüchtig war (130). (Der Fall liegt etwas anders als bei Mahler und Alma. Almas Liedkompositionen sind, wie man auf Tonträger eingespielt hören kann, nicht ohne Reiz, aber mit der Genialität ihres Gatten auch nicht entfernt vergleichbar. Bei W. und J. verhält es sich anders. W. hatte großes Talent und sie wusste auch J. richtig einzuschätzen. Damals aber, als sie das Malen langfristig aufgab, war er ihr, was jeder Laie sehen kann (vgl. Fäthke) unterlegen. J. wusste das und sprach es aus.) Als H., gerade 16 Jahre alt, von J. geschwängert worden war, half W. bei der Verheimlichung der Geburt, die in Russland stattfand. Um die Fassade aufrechtzuerhalten, kehrte W. mit H.s Schwester und H.s Sohn Andre, aber ohne H. nach München zurück. „Ich bin zur Hure geworden und zur Küchenmagd, zur Krankenpflegerin, nur um der großen Kunst zu dienen, einem Talent, das ich für würdig hielt, das neue Werk zu verwirklichen" (133). Inzwischen fand J. auch an H.s Schwester Maria Gefallen. 1904 besuchte Lovis Corinth den berühmten Salon. Man war wechselseitig begeistert. Zum Kreis um W. und J. gehörte auch die Tänzerin Clotilde von Derp und ihr Tanzpartner Sacharoff (vgl. 2.2.6.3). Kandinsky, der fürchtete, J. könnte seine Lebensgefährtin Münter verführen, hielt diese von J. fern. 1910 malte W. das berühmte „Selbstporträt mit roten Augen" (44).

1911 fuhr die „Familie", also J. mit seinen Frauen W. und H. und Sohn an die Ostsee, wo man auf den Brücke-Maler Erich Heckel traf (gemeinsame Ausstellung 1911). Nach Ausbruch des 1. Weltkrieges emigrierte die „Familie" in die Schweiz. J. trat den Weg der Verinnerlichung an und wurde zum mystischen Maler. Ab 1917 malte er „mystische Köpfe" und „Heilandsgesichter" (146). Man lernte in Zürich „Dada" kennen. 1918 zog die „Familie" nach Ascona. J. fand zu dem Ausspruch: „Die Kunst ist doch letztes Endes das Verlangen, Gott näher zukommen" (148). Eine 25 Jahre jüngere Verehrerin und Geliebte, Emmy Scheyer wurde J.s neue Muse. W. musste sich als Pharmareferentin durchschlagen, da sie durch die Oktoberrevolution ihr Vermögen verloren hatte. Nach 27 Jahren gemeinsamen Lebens stieß J. sie schließlich von sich, um H. zu heiraten, weil er seinem Sohn seinen

Namen geben wollte. 1920 begleitete W. das Tanzpaar von Derp/Sacharoff auf Tournee, während J.s neue Muse ein Treffen mit dem Sammler Kirchhoff vermittelte. J. revanchierte sich bei Kirchhoff, indem er dessen junge Frau Toni verführte. W. aber lernte als ihre späte Liebe den Sänger Santo kennen. Sie schrieb: „Es gibt in der Kunst nur eine Richtung: zu Gott" (153). J. ging es zu dieser Zeit schlecht. Er litt an Depressionen, die er als Strafe Gottes für sein schändliches Verhalten gegenüber W. deutete. Er bat Gott und W. um Verzeihung. Vergeblich. W. nahm keinen Kontakt mehr auf. W. starb 1938. J. hatte wieder eine junge Frau gefunden, die bereit war, sich zu opfern.

Vier Frauen zahlten schließlich seine Arzthonorare und umsorgten ihn. Er malte die „Meditationen" und starb, zuletzt völlig ans Bett gefesselt, 1941.

2.1.   Fäthke, Bernd: Jawlensky und seine Weggefährten in neuem Licht. Hirmer. München. 2004

Möller, Hildegard: Malerinnen und Musen des „Blauen Reiters". Piper. München. 2007

2.2.2. Die schöne „höhere Tochter" verkehrt mit berühmten Männern: Alma Schindler/Mahler/Werfel (1879–1964)

2.2.2.0. Einführung

Von großem Reiz und zeitdokumentarischem Wert sind ihre Tagebuch-Suiten (1898–1902). Sie geben Einblick in das intime Leben einer lebenshungrigen jungen Frau, die durch ihre Stellung als Sproß aus einer angesehenen Malerfamilie (dem verstorbenen Vater war in Wien ein Denkmal errichtet worden) Gelegenheit hatte, nahezu alle bekannten Wiener Literaten, Maler, Musiker kennenzulernen. Sie verliebte sich in den ihr nachstellenden Gustav Klimt, von dem Mathilde Freud, die älteste Tochter Freuds 1903 an ihren Freund schreibt, dass er „wegen unerhörter Verrücktheit und Modernität für junge Mädchen als höchst verderblich und schädlich betrachtet" werde (Gödde, 305). Die Anzahl derjenigen glücklichen Geschöpfe von 16-20, die ihn dennoch gesehen haben, „sei nicht groß" (305). Sie aber gehöre zu den Glücklichen, denn sie habe mit Papa und Mama die Ausstellung besucht und sie „riesig interessant" gefunden (305). Zu diesem Zeitpunkt war die Affaire Alma/Klimt schon vorbei.

2.2.2.0.   Gödde, Günter: Mathilde Freud. Psychosozial. Gießen. 2003

2.2.2.1. Gustav Klimt (1862–1918)

Bertha Zuckerkandl, deren Salon berühmt war, sagte treffend über Alma: „Schön ist sie – das ist unangenehm. Klavier spielt sie famos – das verdrießt. Und componieren thuts auch – das ist doch rein zum aus der Haut fahren" (T, 475).

Klimt umwarb die Schöne zwei Jahre lang und von Anfang an war die 18jährige auch Klimt sehr zugetan, später offen in ihn verliebt. Klimt schmeichelte ihr, sagte ihr, dass sie etwas ganz Besonderes sei (11). Mama aber war misstrauisch gegen Klimt, von dem das Gerücht umging, dass er ein Verhältnis mit seiner Schwägerin habe. Das war falsch. Aber A. wußte es nicht. In Wahrheit hatte Klimt ein Verhältnis mit der Schwester seiner Schwägerin, der Creatrice für Reformmode Emilie Flöge. A. musste oft bis zu zwei Heiratsanträge pro Woche abwehren, aber bei Klimt fühlte sie, dass sie schwach werden könnte. Als Klimt sie alleine zu sich ins Atelier einlud, reagierte sie sofort mit erregten Schauern, die ihr über den ganzen Körper liefen (189). Mama beobachtete die Szene und war empört. A. konnte daraufhin vor Erregung nicht schlafen. Klimt forderte sie heraus, erzählte ihr, eines seiner Modelle erzähle herum, A. sein in ihn verliebt. Klimt nutzte geschickt einen Fleck auf A.s Rock, um unter dem Vorwand, ihn wegwaschen zu wollen, A.s Beine mit seinen unter dem Rock zu berühren, worauf A. erotisch elektrisiert reagierte

(205). Obwohl sie Klimt für charakterlos hielt, zog Klimt sie magisch an. Klimt gestand ihr, dass er sie liebe, aber sie niemals heiraten werde (206). Als A. mit Familie nach Italien reiste, folgte Klimt ihr nach. In Venedig nutzte er einen unbeobachteten Augenblick, um ihr an die (sehr vollen) Brüste zu greifen. Daraufhin ließ sie ihn „abblitzen". Klimt schäumte vor Wut und wollte ihr ihre Fotografie zurückgeben. Dann besann er sich, schämte sich, entschuldigte sich (251). A., die sich kurzzeitig in die Lagune hatte stürzen wollen, besann sich, versicherte K. ihrer Liebe, forderte aber zugleich Entsagung: „Wir lieben uns, dürfen einander nicht angehören und unsere Seelen küssen sich" (252). A. sah die Sache romantisch verklärt; Klimt wollte „zur Sache" kommen. Schon vorher, in Florenz, hatte er A. geküsst, sie hatte es willenlos geschehen lassen, war aber dann weinend in ihr Zimmer gelaufen. Mama und Stiefvater Moll drängten Klimt, von A. abzulassen. K. schrieb einen langen Entschuldigungsbrief an Moll, dessen Freundschaft er behalten wollte. A. war gekränkt und wütend, dass Klimt sie so kampflos aufgab. Dazu erzählte ihr eine Freundin, dass Klimt auf der Reise zu A. im Zug im Tunnel sie, vor Gier keuchend „begrapscht" hatte (267).

Die Sexsucht Klimts war bekannt. Er hatte mit allen seinen Modellen Sex. Eine davon reichte er an seinen Freund Schiele weiter mit warmen empfehlenden Worten, die ihre Qualitäten im Bett lobten. 1902 wurde Klimt wegen eben dieses Sexualverhaltens öffentlich in einem Bild von Geyling verhöhnt (Partsch, 97). Nach Klimts Tod meldeten 14 Frauen Erbansprüche für ihre Kinder an. Drei Kinder hatte Klimt schon zu Lebzeiten anerkannt. Aber die enttäuschte A. machte sich vor, dass Klimt sie eben doch auch, ein wenig wenigstens, seelisch geliebt habe (T, 268). A. war sich darüber im Klaren, dass sie Klimt deshalb so sehr liebte, weil er sie an ihren verstorbenen Vater erinnerte (282). Naiv glaubte A., sie hätte Klimt vor dem Versinken im „sinnlichen Morast" (294) durch ihre Liebe bewahren können, wenn sie sich mit ihm verbunden hätte. In diesem Irrtum war sie auch noch gefangen, als sie als reife Frau ihre Memoiren schrieb (Partsch, 78).

Eine Schlüsselszene hatte sich zwischen A. und Klimt ergeben, als A. ein konfrontierendes Gespräch auf dem Vaporetto in Venedig begonnen hatte. A. hatte Klimt direkt gefragt, ob er so gut wie gebunden sei. Sie hatte dabei natürlich an K.s Schwägerin gedacht. Er aber hatte geglaubt, sie meine Emilie Flöge, mit der er ja tatsächlich eine lebenslange Beziehung hatte. Klimt hatte die Frage verneint, aber zugegeben, dass er sich oft ein Mädel von der Straße hole, also mit Prostituierten verkehre. Dann hatte er ungefragt bestritten, Kinder zu haben, was gelogen war, denn sein Sohn Gustav war schon 1898 geboren worden (Partsch, 58).

Nachdem also er mehr verraten hatte als ihm lieb sein konnte, hatte A. ausgesprochen, dass sie seine Schwägerin Helene meine. A. hatte damals Klimts auffallende Reaktion als Beweis gewertet, dass sie ins Schwarze getroffen habe. Klimt nämlich hatte eine deutliche Veränderung seines Gesichts gezeigt, war zum Bug des Schiffes gegangen, hatte auf den Boden gestarrt. In Wahrheit aber war Klimt klar geworden, dass A. unwissend war, was seine Intimitäten anging und er hatte sich über sich selbst geärgert, weil er unnötig soviel Belastendes gestanden hatte. Aus all dem aber geht hervor, dass einem unverheirateten Mann ohne weiteres zugestanden wurde, dass er seinen „Samendruck" durch Erguß in eine Prostituierte los wurde, dass es aber unverzeihlich war, wenn er mit einer anderen Frau fest liiert war, während er um Liebe warb.

An ihrem 20. Geburtstag erinnerte sich A., wie ihr Klimt in Verona ins Ohr geraunt hatte, nur die körperliche Liebe sei Glück. „Ich anerkenne das nicht! Denn dann ist das Glück in Schmutz getaucht und stinkt nach Wollust" (T, 357) – „warum sich erniedrigen zum Thiere!?" Diese Haltung sollte sich bald verändern. Weiterhin schwärmten die Männer um die Schöne „wie die Mücken um die Lampe" (459).

2.2.2.1. Mahler-Werfel, Alma: Tagebuch-Suiten (T) 1898-1902. Beaumont, A. (Hg.). Fischer. Frankfurt/M. 2002

Partsch, Susanna: Gustav Klimt. Prestel. München. 2004

2.2.2.2. Alexander Zemlinsky (1871–1942)

Als Zemlinsky begann, A. zu umwerben und ihr ein Lied widmete, war A. bereits bis zur Raserei angefüllt mit unerfülltem sexuellem Begehren. „Ich muß das haben. Ich wills haben. (…) Komm, komm mein Geliebter, Klimt – wenn du jetzt kommst, jetzt gehöre ich Dir" (T, 480). Aber Klimt kam nicht mehr. Stattdessen wollten Zemlinsky und der Theaterdirektor Burckhard mit A. schlafen. Nachts konnte die erregte A. nicht schlafen, sah Hunde an ihr Bett kommen oder eine männliche Gestalt im Zimmer (624). Im Tagebuch notierte sie eine Fülle hysterischer Symptome: Konversionssymptome, Absencen, dissoziative Zustände. Genau solche Symptome zeigte Breuers Patientin Pappenheim, zeigten Freuds Patientinnen in den „Studien über Hysterie".

Schließlich gestanden sich A., die Überschöne und Zemlinsky, der exorbitant hässliche Zwerg, der ihr nur bis zur Schulter reichte, ihre Liebe, obwohl sie die Szene am Altar, die sie imaginierte, einfach nur lächerlich fand (660). In heftigen Zungenküssen landeten sie am Boden, er mit spürbar erigiertem Glied auf ihr; sie aber riß sich panisch los (666). Dann saß sie in unerfüllter Sehnsucht im Bett und „durchwühlte" mit dem Finger die Scheide und fand eine „herrlich linde, weiche Stelle" (686). (Der G-Punkt wird es nicht gewesen sein.) Die Stelle zeigt, dass A. von klitorischer Masturbation keine Ahnung hatte zu diesem Zeitpunkt, dass sie – wie so viele Frauen ihrer Zeit – sexuell fast unwissend war. Sie beklagte ihr Los: „Der Mann geht hin und sucht Befriedigung – und ich ...?" (686). Als Burckhard sie unter dem Rock streichelte, zerfloß sie fast vor Wollust (690). Zwar ließ sie B. in ihrem „Fleisch wühlen", aber nicht mehr. Unvermittelt setzt sie im Tagebuch hinzu: „Mich dürstet nach Vergewaltigung! Wer immer es auch sei!" (693). Die Ausbuchtung in B.s Hose faszinierte sie: „Meine Sinnlichkeit ist grenzenlos!" (694). Sie beobachtete eine Fliegenbegattung und sehnte sich nach Zemlinsky: „Alex – mein Alex. Dein Weihebecken will ich sein. Gieß deinen Überfluß in mich. Dazu wird's nie kommen" (711). Obwohl sie schrieb, sie wolle der Teppich unter Zemlinskys Füßen sein, ließ sie sich gleich darauf von B. wieder küssen. Während der Musikstunden mit Zemlinsky hatten sie heftiges Petting miteinander, aber A. blieb unerfüllt: „was soll ich anfangen, um das rasende Wogen in meinem Inneren zu beruhigen?" (718). In diesem Schwebezustand begegnete sie zum ersten Mal bei Zuckerkandl ihrem späteren Mann Gustav Mahler.

2.2.2.3. Gustav Mahler (1860–1911)

Mahler gefiel ihr sofort trotz seiner ungeheuren Nervosität, die ihn zwang, wie ein Wilder sich zu bewegen: „Der Kerl besteht nur aus Sauerstoff. Man verbrennt sich, wenn man an ihn ankommt" (724).

Bald gestanden sie sich ihre Liebe. Doch noch konnte sie mit seiner Musik nichts anfangen. Als sie aber hörte, er sei unheilbar krank, beschloß sie, ihn mit ihrer Liebe zu heilen (738).

Zemlinsky schrieb sie ab. Mit Schauder vor seiner Hässlichkeit verglich sie sich mit Titania, die aus dem Zauber erwacht und erkennt, dass sie in einen Esel verliebt war (743). Mahler verlangte von ihr, dass sie das Komponieren aufgeben müsse, er wolle eine Frau, nicht eine musikalische Rivalin an seiner Seite. Bald war Verlobung. Es stand in der Zeitung. In der Oper waren alle Gläser auf A. gerichtet. Doch nach der Heirat gab es sexuelle Probleme. Zuerst lief es gut: „Wonne und Glück", dann litt Mahler immer häufiger an erektiler Impotenz, wofür er sich schrecklich schämte und was A. sehr irritierte. Bekanntlich suchte Mahler schließlich Freud auf, der ihn analytisch in kurzer Zeit behandelte und von seiner Impotenz befreite. Es folgte (nach Mahlers Tod) eine verrückte Beziehung mit Kokoschka, deren Darstellung ich hier anschließe.

2.2.2.4. Oskar Kokoschka (1886–1980)

Vor der Darstellung der Beziehung der beiden möchte ich K. kurz profilieren. Kokoschka war ein talentierter Jungstarkünstler, der von Walden in Berlin, dem er durch Kraus vorgestellt worden war, protegiert wurde. Als Galerist hatte Walden eine Art Monopol auf den Künstler. Kokoschka war Illustrator im „Sturm". Dort wurden auch sein Skandalstück „Mörder, Hoffnung der Frauen" (1907) und die dazu gehörenden Zeichnungen des Künstlers gedruckt (1910).

Das Stück dramatisiert eine Fusion von Sex und Gewalt: Erst macht die Frau den Mann „geil". Der Mann vergewaltigt die Frau (pantomimisch). Während des gewaltsamen Koitus brennt er der Frau zum Zeichen seines Besitzes mit einem Brandeisen ein Mal ins Fleisch. Die vor Schmerz schreiende Frau stößt dem Mann daraufhin ein Messer in die Seite (Kastration). Dem sterbenden Mann gesteht sie ihre Liebe: „Ich will dich nicht leben lassen." Er antwortet: „Ich töte dich – du fesselst mich!" Er tötet sie durch eine Berührung seines Fingers.

Das Stück ist wichtig, weil es das Geschlechterverhältnis genau so darstellt, wie Otto Gross es im Patriarchat als typisch und zwangsläufig ansah. Der Mann vergewaltigt die Frau, die ihn besitzen will. Beide zerfleischen sich in Aggression. Solche Gewaltphantasien, aber durch Regression ins Anale gewendet, deckte Freud auch 1909 in der Fallgeschichte des „Rattenmann" auf. Der Unterschied: der Rattenmann wurde geheilt. Kokoschka dagegen setzte das im Stück Dargestellte in seiner Beziehung zu A. beinahe in die Tat um.

A. hatte während der Beziehung zu K. tatsächlich oftmals die nicht als unbegründet von der Hand zu weisende Furcht, dass er sie töten könnte. Sie bezeichnete ihn mehrfach als „verrückt". Im Doppelbildnis von 1912 ist der Wunsch des Malers nach inniger Zweisamkeit als erfüllter dargestellt. Die Realität sah anders aus. A. trieb ein gemeinsames Kind ab. Kokoschka meldete sich (1915) zum Kriegseinsatz, vielleicht in suizidaler Absicht. (Hier sehe ich eine interessante Parallele zu Musils „Mann ohne Eigenschaften". Nachdem die Beziehung zur Schwester gescheitert ist, geht Ulrich in den Krieg und sucht den Tod.)

Im gleichen Jahr heiratete A. Walter Gropius. Kokoschka, der weder zu Tode gekommen war noch von A. lassen konnte, ließ sich 1918 von einer Puppenmacherin eine lebensgroße Puppe anfertigen, die A. verkörpern sollte. Er wünschte, die Puppe solle mit geschlechts-verkehrstauglichen Genitalien ausgestattet sein und machte detaillierte Angaben zur Anatomie, Behaarung etc. Das fertige Objekt aber erfüllte die Erwartungen des brünstigen Künstlers nicht. Kokoschka hat sich 1922 zusammen mit der

Puppe „Alma" gemalt: Kokoschka zeigt enttäuscht und vorwurfs-
voll auf das Genitale der Puppe, die ihre Hände auf ihrem
„Herzen" liegen hat. Das Bild ist eine einzige Anklage gegen A.,
die ihn zwingt, mit einer unzulänglichen Puppe vorlieb zu
nehmen, wo doch ihr Schoß die einzig geeignete Herberge wäre,
seinen Penis die ersehnte befriedigte Ruhe finden zu lassen.

2.2.2.4.1. Natter, Tobias (Hg.): Die nackte Wahrheit. Klimt, Schiele,
Kokoschka und andere Skandale. Prestel. München. 2005
Abb. „Selbstbildnis mit Puppe" (1922), 157

2.2.3. Die Schauspielerin und ihr Autor, Kritiker, Theaterdirektor

2.2.3.0. Einführung

Eine besondere Kategorie bilden Schauspielerinnen in ihren Ver-
hältnissen zu und mit ihren Arbeitgebern.

2.2.3.1. Adele Sandrock (1863–1937) und Arthur Schnitzler (1862–1931)

A. wurde 1863 als Kind einer Schauspielerin und eines zunächst
noch vermögenden Hauptmanns geboren. Der Vater erzog sie und
die 6 älteren Geschwister mit militärischem Drill. Sie hasste ihn
dafür. A. stieß mit 7 Jahren einen Kessel mit kochendem Wasser
um und zog sich schwere Verbrühungen zu. Erst nach 1 Jahr

konnte sie wieder gehen (Leitner, 136). Zu dieser Zeit verschwand der Vater spurlos und ließ die verzweifelte Frau mit 7 Kindern zurück! Als A. 10 war, holte der Vater die Familie wieder zu sich nach Berlin. A. begann ihre steile Schauspielkarriere in Meiningen und wurde in der Wiener Neustadt zum Star. Sie stieg zum Burgtheater auf, wo sie enthusiastisch gefeiert wurde. Max Burckhard verpflichtete sie 1895. Sie spielte in Schnitzlers „Märchen". Sch. war mit Mizzi (I) liiert damals. Man verliebte sich rasch und kam nach 5 Tagen stürmischen Werbens und Küssens „zur Sache". Drei Tage später machte A. heftige Eifersuchtsszenen. Sch. hätte am liebsten, wie sein Tagebuch ausweist, einen „Harem" gehabt: „Warum kann ich sie nicht alle haben, jede für mich allein, jede ohne Lüge, und jede ohne Qual für sich und die anderen" (150). Sch. praktizierte das tatsächlich, wovon Sigmund Freud in seinem Irma-Traum nur träumte: alle Frauen in seiner Umgebung zu besitzen. A. aber wollte Sch. besitzen. Sch. war inkonsequenterweise eifersüchtig auf A. und fühlte sich durch die Tatsache beeinträchtigt, dass sie vor ihm schon viele gehabt hatte.

Der Einakter „Halb zwei" gibt wortgetreu ein nächtliches Streitgespräch wieder, das die beiden realiter so führten (151). Er titulierte sie als „Dämon, Liebeskind, Engerl, Tragödin, Genie, Fratz, Canaille" (152). Aber dann packte ihn zuweilen plötzlicher Haß und die Lust auf ein junges, frisches Mädel. So schrieb er „Liebelei":

Adele spielte die Hauptrolle der jungen Frau, die sich tief verliebt, aber am Schluß erkennen muss, dass sie nur eine Nummer in einer endlosen Serie ist, worauf sie sich umbringt.

In der Großfamilie Sandrock wurde maßlos getrunken. Was Schnitzler dort an Groteske miterlebte, setzte er gleich in Theater um („Haus Delorme"). Bühnenreife Szenen ergaben sich auch, als A. versuchte die Liebe von Sch. durch induzierte Eifersucht wieder zu beleben. Sie wurde von Felix Salten, dem Freund Schnitzlers umworben. Sie drohte mit ihm zu schlafen, wenn Arthur nicht wieder mit ihr schliefe. Er lachte sie aus. Auf der Straße brach sie zusammen. Sch. stand ungerührt daneben. Dennoch wollte Adele von Sch. nicht lassen, der längst mit Mizzi (II) zusammen war. In Ungarn lernte sie Roda Roda kennen. Sie schlief mit ihm in der Nacht, die auf das Begräbnis seines Vaters folgte, der lebendigen Leibes verbrannt war in seinem Bett. Roda schilderte sie als „Künstlerin mit unbeherrschbaren Trieben" (168). Auch Roda Roda heiratete sie nicht, weil ihre Mutter dagegen war. 1910 endete ihre Karriere unter Reinhardt in Berlin. Tilla Durieux bot ihr eine Rolle in ihrer Truppe an. Das Projekt scheiterte.

A. musste Filmrollen annehmen. Schnitzler sah sie 1915 mit seiner Frau Olga im Kino und bezeichnete sie als „altes gedunsenes Weib". A. war 52! 1931 sah sie ihn noch einmal: im Zuschauerraum. „Gott – ist der Mensch alt geworden." Kurze Zeit später war er tot. A. drehte bis zu ihrem Tod 1936 164 Filme, meist spielte sie die „komische Alte".

Über Sch. will ich hier nur sagen, dass er, wie ersichtlich, ein sexuell Getriebener war. Als Kulturphilosoph zeigte er den gleichen eisgrauen Pessimismus wie der alte Freud. Der Beitrag, den er zum 60. Geburtstag Rollands schrieb, ist so düster, dass ihn der Menschenfreund und Mystiker Rolland als Schlag ins Gesicht empfunden haben wird. „Jeder Weltverbesserungsversuch, der von der Voraussetzung ausgeht, dass die Menschheit im ethischen Sinn überhaupt entwicklungsfähig oder gar ursprünglich gut sei, ist zum Scheitern verurteilt (…). Denn verschwindend klein ist die Anzahl der Menschen, die zu irgendeinem Prinzip (…), zu irgendeinem anderen Menschen (…) eine echte, aprioristische, verstandes- oder gefühlsmäßige Beziehung haben. Menschenliebe predigen", so schreibt er, sei oft ein ein Beweis von „Geistesschwäche" (Liber Amicorum, 325f.).

Es folgt eine kurze Übersicht über Sch.s. wichtigste Romane und Stücke der Zeit um 1910.

Der Roman „Der Weg ins Freie" (1908) schildert eine im Verfall begriffene, desorientierte Gesellschaft. Der Protagonist Georg von Wergenthin (ein Christ) ist beziehungsunfähig, bindungsscheu und der von ihm schwangeren Geliebten (eine Christin) notorisch untreu. Nur im sexuellen Rausch kann er ganz selten sich lebendig fühlen (312). Insgeheim hofft er, dass die Geliebte bei der Geburt sterbe, aber dann ist das Kind tot und er liebt jetzt, wo es zu spät ist, dieses Kind (333), an dessen Tod er sich schuldig fühlt, da er in der Schwangerschaft Mutter und Kind nicht lieben konnte.

Die (christliche) Geliebte Heinrich Bermanns (Jude), des mit W. befreundeten Dichters, suizidiert sich, nachdem B. sie verließ. B. leugnet seine Schuld, ist aber völlig verstört. Neben diesen parallelen scheiternden Beziehungsgeschichten spielt der virulente Antisemitismus der damaligen Zeit im Roman eine allgegenwärtige Rolle. (Es war letztlich dieser Antisemitismus, der Freud 1910 zwang, einen der sehr wenigen Nicht-Juden in seinem engeren Schülerkreis als Vorsitzenden der IPV durchzusetzen. Dass Jung für dieses Amt absolut ungeeignet war, zeigte sich definitiv schon 3 Jahre später.)

Das Skandalstück „Der Reigen" (1900 als Privatdruck erschienen) bringt zum Ausdruck, dass beim Sex alle gleich sind: Dirne und Ehefrau, Graf und Soldat – alle macht sie der Koitus zum triebhaften Tier, egal wie sie ihr Treiben vor sich oder anderen zu rationalisieren versuchen. Freud bewunderte und beneidete Sch. als den Dichter, dem ohne mühselige Analyse das Wissen um die Inhalte des Unbewußten intuitiv zufalle.

Der Verleger Hugo Heller gründete 1905 einen Kunstsalon in seiner Buchhandlung, in der Rilke, Hofmannsthal, Wassermann, Thomas und Heinrich Mann, Bahr, Hesse, Schnitzler vortrugen. 1906 bat Heller, der später Mitglied der Wiener Psychoanalytischen Vereinigung sein sollte, Altenberg, Hofmannsthal, Schnitzler und Freud um 10 Empfehlungen guter Bücher (Gödde, 116). 1907 hielt Freud vor 90 Zuhörern seinen Vortrag „Der Dichter und das Phantasieren" in Hellers Salon. Unter den Zuhörern war der Schriftsteller Schmitz, der sich in den folgenden Tagen mit Freud traf, der zu einer Psychoanalyse riet, die Schmitz später bei Abraham absolvierte (vgl. 2.3.18.).

2.2.3.1.　Gödde, Günter: Mathilde Freud. Psychosozial. Gießen. 2003

Gorki, Maxim (Hg.): Liber Amicorum Romain Rolland. Rotapfel. Zürich. 1926

Leitner, Thea: Fürstin, Dame, armes Weib. Ueberreuter. Wien. 1991

Schnitzler, Arthur: Der Weg ins Freie. Residenz. Salzburg. 1995

2.2.3.2. Tilly (1886–1970) und Frank Wedekind (1864–1918)

Prägnant fasste W. selbst seine traumatische Kindheit zusammen: „Meine Kindheit war eine ununterbrochene Kette von Beschämungen, Beschimpfungen und entwürdigenden Erlebnissen, die kein Kind durchmacht, ohne dass seine Thatkraft auf Lebenszeit gebrochen wird. Wurde ich nicht geprügelt, dann hatte ich von

Natur aus körperliche Schmerzen, und kaum ließen die Schmerzen nach, wurde ich wieder geprügelt" (Regnier, 41). Zwischen den Eltern gab es oft gewaltsamen Streit, wobei die Mutter dem Vater das Gesicht zerkratzte oder mit dem Messer auf ihn losging. W.s Schlussfolgerung: „Die Ehe ist außer unserer Geburt und unserem Tod das Unerbittlichste, dem wir Menschenkinder verfallen sind" (42). Dass dieser Mann nur durch massive Erpressung zur Heirat zu bewegen war, ist kein Wunder. Sex ist bei W. schon in seinen Jugendgedichten mit Gewalt durchsetzt: In einem Gedicht um 1880 bringen die Vermählten sich in der Hochzeitsnacht im Ehebett gegenseitig um. Der junge W. las Eduard von Hartmann und setzte ihm ein lyrisches Denkmal (52). Seine Lehrerin in der sexuellen Liebe war eine 40jährige Witwe. Sie ist nur wenig jünger als die Mutter. 1888 starb der Vater, was die Mutter fröhlich machte. 1885 lernte W. in Berlin die Gebrüder Hart und Gerhard Hauptmann kennen. Von der Mystik der Harts war er nicht angezogen. 1891 stellte er sein Skandalstück „Frühlings Erwachen" fertig.

Im Zusammenhang mit dem Stück dachte W. sich eine Sexualutopie aus, deren Grundzüge er immer wieder neu aufgriff und später an Erich Mühsam weitervermittelte, der angibt, dadurch in seinem eigenen Sexualprogramm stark beeinflusst worden zu sein: Die utopische Gesellschaft basiert auf freier Liebe. Emotionale Bindung zwischen Mutter und Kind muss um jeden Preis verhindert werden, daher werden die Babys vertauscht. Mädchen dürfen sich Knaben auswählen, die sie im Tempel öffentlich deflorieren. Höhepunkte des Lebens sind die jährlichen Tempelfeste. Beim „Frühlingsopfer" koitiert ein ausgewählter Knabe öffentlich seine Lehrerin. Priesterinnen schlagen ihn solange, bis er einen zweiten Koitus schafft. Es folgt eine Orgie aller. Dann tötet sich der Auserwählte. Die „Herbstsaturnalien" enden im Tod der Hauptpriesterin, die von allen Männern brutal „besprungen" wird. W. nannte diese destruktive Sexualphantasie, wie sie der Psychoanalytiker von ödipal fixierten Patienten kennt, die gleichzeitig ihre Mutter hassen, „Eden". Das Schicksal dieser Schrift ist interessant. Er ließ sie 1898 bei Frieda Strindberg zurück, als er sie verließ. Frieda gab „Eden" an ihre Freundin Reventlow weiter. Die Reventlow war zeitgleich mit Mühsam befreundet und wurde analysiert und beschlafen von Otto Gross. Es ist also sehr wahrscheinlich, dass die Reventlow „Eden" Gross und Mühsam zugänglich machte und mit ihnen darüber diskutierte. Schließlich hatten alle drei ähnliche Utopien im Kopf. Reventlow versuchte das Manuskript an Rowohlt zu verkaufen (1910), aber W. konnte es zurückkaufen (305ff.).

Der Inhalt von „Frühlings Erwachen" beruht auf tatsächlichen Begebenheiten, die der Autor beobachten konnte. Moritz erschießt sich, weil er nicht versetzt wurde und es nicht wagte, mit einer Dirne erstmals Sex zu haben. Melchior fliegt von der Schule, weil er eine Aufklärungsschrift verfasste und landet nach Schwängerung der 14jährigen Wendla in der Erziehungsanstalt. (So wie Melchior wollte W. sein, so wie Moritz fürchtete er zu sein.) Wendla stirbt an einer Abtreibung. Als Melchior sie penetrierte, rief er aus: „O glaub mir, es gibt keine Liebe! Alles Eigennutz, alles Egoismus! Ich liebe dich so wenig, wie du mich liebst" (116). Hänschen, der auf dem Klo onaniert, entdeckt, dass er homosexuell ist. In der Schlußszene will ein „vermummter Herr" (den W. oft selbst spielte) Melchior ins Jenseits holen.

Das Stück galt lange Zeit als unspielbar, wurde aber 1906 (mit Streichungen) von Max Reinhardt auf die Bühne gebracht. Am 13.2.1907 hielt Reitler in der Mittwochs-Gesellschaft bei Freud einen Vortrag über das Stück. Freud schätzte das Stück als Kunstwerk nicht hoch, „aber als kulturhistorisches Dokument habe es bleibenden Wert" (Protokolle I, 106f.). Die oben zitierte Passage kommentierte Freud so: „Ein feiner Zug sei das Drängen nach der Objektliebe ohne Objektwahl wie es Wedekind bei Melchior und Wendla darstellt, die gar nicht ineinander verliebt seien" (108). Freud sieht darin ein Spezifikum der Adoleszenz, aber bei W. ist es eher persönlichkeitsspezifisch. Zur künstlerischen Qualität des Stücks ist zu sagen, dass der Ort, an dem es heute noch gerne gespielt wird, nämlich das Schülertheater, auch der passende Aufführungsort ist.

1892–1894 lebte sich W. in Paris aus – meist mit mehreren Frauen gleichzeitig. Nicht immer waren seine Erfahrungen erfreulich. Die eine biss ihn „in die Eier" (123), die andere infizierte ihn mit Filzläusen. Seine Spezialität war Cunnilingus (125). Er bezahlte auch für Sex mit Minderjährigen (124). Natürlich wollte er jede nach kurzer Zeit wieder los sein. Der sexuelle Missbrauch von Kindern ist schon 1892 im Roman Thema: Der Roman „Die Kindfrau" von Mendes schildert die eifersüchtige Liebe eines Malers zu der promisken und lesbischen Tänzerin Lilli, die als Kind sexuell missbraucht wurde und psychisch gestört ist. Auch in W.s Frühwerk „Elins Erweckung" gibt es eine Prostituierte Ella, die von ihrem Vater missbraucht wurde. Später hat Felix Salten das von seiner Josefine Mutzenbacher geschildert. W. wusste also schon damals, dass Prostituierte oder psychisch kranke Frauen von ihren Vätern sexuell missbraucht sein konnten. Erst 1896 publizierte Freud seine „Verführungstheorie", wonach die Hysterie auf sexuellen Missbrauch in der Kindheit, meist durch den Vater, zurückzuführen ist. Er relativierte allerdings 1897 diese Theorie, da er die Tatsächlichkeit von „falschen Erinnerungen" entdeckte. Bekanntlich war noch in den 90iger Jahren des 20. Jahrhunderts in USA eine „False Memory"-Bewegung nötig, um zu Unrecht im Gefängnis gelandete Väter, deren Töchter in suggestiven Therapien „false memories" produziert haben, zu unterstützen (vgl. Showalter).

1892 entstand der erste Akt von „Lulu", die aber noch Astarte hieß. Lulu ist die Tochter des Bettlers Schigolch, der sie zur Prostitution abrichtete. Dr. Goll hat Lulu geheiratet. Sie betrügt ihn mit dem Maler Schwarz während einer Porträtsitzung in Golls Haus. Goll ertappt sie in flagranti und stirbt an Herzinfarkt. Schwarz heiratet Lulu, will sie bilden. Lulu aber ist schon seit Jahren die Geliebte des Zeitungsmachers Schöning, der Lulu loswerden will. Er eröffnet Schwarz, dass er, Schöning, selbst es war, der ihr riet zu heiraten, um sie unter dieser Tarnung umso ungestörter besitzen zu können. Daraufhin schneidet sich Schwarz die Kehle durch. Schöning ist also Lulu nicht losgeworden. Lulu verführt seinen Sohn Alwa, der aber vorzeitig, ante portas, ejakuliert. Aus abgewehrter Scham hierfür beschimpft er Lulu als „Rotzlappen". Schöning will Lulu zum Suizid zwingen. Sie aber erschießt ihn.

Lulu landet im Spieler-Milieu, geliebt von der lesbischen Gräfin Geschwitz, die von Lulu gedemütigt wird wie ein Hund. Schließlich wird Lulu, die als Prostituierte arbeitet, von „Jack the Ripper" ermordet. Dieser Schlussakt spielt in London, wohin W. 1894 reiste. Der echte Ripper hat seinen Opfern die Brüste abgeschnitten,

Herz und Genitalien chirurgisch sauber herausgetrennt. Alban Berg hat aus diesem Drama eine großartige Oper komponiert.

1894 lernte W. in Paris Lou Salomé kennen. (Die Geschichte wird unter 2.2.17. erzählt.) Strindbergs Frau Frieda Uhl wurde seine Geliebte. Sie gebar einen Fritz Uhl (1897), der W.s Sohn ist. Dieser wuchs fern von W. auf, wandte sich als Halbwüchsiger an seinen Vater, dessen Liebe er vergeblich zu erringen suchte. In dem Stück „Der Kammersänger" verarbeitete W. seine Affaire mit Frieda so, dass diese (als weibliche Hauptperson) sich vor seinen Augen erschießt. W. begann selbst in seinen Stücken zu schauspielern. Wegen einer Spottgeschichte auf den Kaiser verbüßte W. eine kurze Gefängnishaft. Im Gefängnis schrieb er den Sado-Maso-Porno „Mine Haka oder die körperliche Erziehung der jungen Mädchen". Eine Inhaltsangabe erspare ich der Leserin/dem Leser. In München schloss er sich den „Elf Scharfrichtern" an und brillierte als scharfer Bänkelsänger, der lange vor Elvis schon die Gitarre als symbolischen Phallus einsetzte (205). 1902 gebar ihm eine Landshuter Haushälterin den Sohn Josef Frank. Sie schrieb ihm, dass ihr klar sei, wie sehr er sich freue, „wieder einmal eine los zu sein, an der man abgestoßen hat" (222). Kluge Frau.

W. spielte den Zwergriesen Hetmann, der Rassemenschen nach Nietzsche züchten will und in dessen Verein alle mit allen Sex haben sollen. Das nahm die Ideen und die Praxis von Mühsam und Gross vorweg. 1905 wurde in Wien unter der Schirmherrschaft von Kraus die „Büchse der Pandora" (Lulu) aufgeführt, mit Adele Sandrock als Geschwitz (230). Eine Besucherin verführte W. Vielleicht ist sie das Vorbild für Lisiska, die Prostituierte, die „ausgelöscht" werden möchte.

Nach dieser langen Vorgeschichte kommen wir jetzt endlich zu Tilly Newes, spätere Wedekind. Tilly spielte die Lulu und verliebte sich rasch in den Autor, der aber mit der Schauspielerin Arnold zeitgleich Sex hatte. Letztere aber ertrug seinen Sadismus nicht und brach die Beziehung ab (243). Tilly aber war Masochistin genug, um gemeinsam mit ihrer Freundin Ida Orloff mit W. sexuell zu verkehren. Tilly ließ sich sogar von W. mit der Reitpeitsche schlagen (245). Als W. das Liebeswerben Tillys mit zynischer, sadistischer Kälte quittierte, zerbiss T. ein Glas, verwüstete das Zimmer, schlug sich mit ihm, lief hinaus – es war Februar – und sprang in suizidaler Absicht in die Spree, wo sie nicht von W., sondern von einem Schiffer herausgefischt wurde (253). Nach einer Beratung mit Gertrud Eysoldt und Sandrock bot W. Tilly die Heirat an, die diese, zu Tränen gerührt, annahm. Bei der Heirat am 1.5.1906 war auch Orloff anwesend. Sie war unglücklich, weil Hauptmann, der für sie „Und Pippa tanzt" schrieb, zwar mit ihr schlief, aber seine Frau nicht verlassen wollte. (Zu dem Stück hat der junge Viktor Tausk eine „Paraphrase als Kommentar" geschrieben, die ich in dem Kapitel 2.3.1. behandeln werde.) Die Hochzeitsreise ging nach Nürnberg, wo der Bräutigam als Zuhälter und die Braut als Prostituierte in der Uraufführung des „Totentanz" auf der Bühne standen (256). 1906 war die Uraufführung von „Frühlings Erwachen" unter Reinhardt mit Moissi, Eysoldt und dem Autor als „vermummter Herr". Im Dezember kam die Tochter Anna auf die Welt. Lou Salomè besuchte das Paar (265) und war über den Neuankömmling überrascht. W. war zu feige gewesen, sich als Vater zu bekennen! Seit 1907 war W. berühmt und verdiente sehr viel Geld. Seine Philosophie fasste er so zusammen: „Der Schwanz ist der Lebenszweck" (268). Doch T. hatte Orgasmusprobleme. Rollenspiele und Nackttanz zeigten keine Wirkung.

W. und T. waren eng mit Paul Cassirer und dessen Frau Tilla Durieux, mit der W. ein Verhältnis hatte, befreundet (282). 1907 schnitt sich Tillys Schwester die Pulsadern auf, W.s Bruder Donald erschoß sich 1908 im Wiener Prater.

W. residierte in München in einer Acht-Zimmerwohnung (Prinzregentenstr.). Dort hatte er den Besucher-Sessel so positioniert, dass der Besucher gezwungen war, ein Aktfoto von T. zu sehen.

W., der T. ja nicht befriedigen konnte, war sehr eifersüchtig. Er prüfte immer durch rasche Blicke unter den Tisch, ob T. und der Schauspieler Steinrück nicht „fußelten". In „Schloß Wetterstein" treibt eine sich unersättlich gebende Frau ihren Mann dadurch in den Suizid. In dem Stück kommt auch ein Vater-Tochter-Inzest vor (305). Nach der Geburt der zweiten Tochter fiel T. in eine Wochenbettdepression. Aber auch W. zeigte heftige Symptome: Als die Zensur den zweiten Akt seines Stückes „Franziska" noch während der Aufführung verbot, brach W. auf der Bühne zusammen, wälzte sich am Boden und japste nach Luft (328). In seinem Stück „Simson" thematisierte W. wieder eigene Obsessionen: Delila verkehrt mit dem geblendeten Simson vor Publikum, dann lässt sie sich von dem Philister Og vor seinen Ohren beschlafen. Weil er selbst T. nicht befriedigen konnte, verfiel er in Depression und suchte wiederholt einen Nervenarzt auf. Da meldete sich der Sohn Fritz Uhl, der seinen Vater tief verehrte. W. nahm ihn vorübergehend bei sich auf. Als aber Tilly Fritz eine Krawatte lieh, drehte W. vor Eifersucht durch. Auch an seinem 50. Geburtstag ereignete sich ein Vorfall, der geeignet war, W.s Paranoia anzufachen. W. hielt eine große Rede (über sich selbst), aber kaum war er zu Ende gekommen, da begann die Kapelle Offenbachs „Guten König Menelaos" zu spielen. Dessen Frau Helena will natürlich mit dem jungen Paris im Gebüsch verschwinden. W. glaubte, er werde als alter impotenter König verhöhnt, dessen junge Frau es mit Steinrück treibe.

T.s Mutter beging Selbstmord, indem sie Nähnadeln schluckte. W. war tatsächlich auf T.s Trauer eifersüchtig! T. versuchte sich mit Morphiumpulver zu töten. Die Ehe war zerrüttet. T. machte erneut einen Suizidversuch. Begründung: Sie könne nicht mit dem Gedanken leben, noch jahrelang mit diesem sie quälenden Ehemann leben zu müssen (385). Noch während T. in der Klinik war, versuchte W. ihre Schwester Martha, die sich um die Töchter kümmerte, zu penetrieren, sie aber widersetzte sich, worauf W. spontan ejakulierte (388).

Infolge mehrerer nie gut verheilter Operationen (Blinddarm, Bruch) verstarb nach einer letzten Operation W. in den Armen seiner Frau am 9.3.1918. Bei der Beerdigung spielten sich dramatische Szenen ab. Mühsam erlitt einen Weinkrampf und musste gestützt werden. Der Passauer Dichter Heinrich Lautensack, der mit einem Filmteam (!) erschienen war, sprang, wahnsinnig geworden, nach seinem Meister (der nie sein Meister gewesen war!) schreiend ins offene Grab.

2.2.3.2.   Regnier, Anatol: Frank Wedekind. Knaus. München. 2008

Showalter, Elaine: Hystorien. Berlin Verlag. Berlin. 1997

2.2.3.3. Annie Kalmar (1877–1901), Karl Kraus (1874–1936) und Peter Altenberg (1859–1919)

Kr. entdeckte in einem schlechten Stück eine begabte und schöne Schauspielerin. Er verliebte sich in sie und pries Ka. als die „Herrlichste von Allen" (Die Fackel 2, 28f.). A., der, obwohl eigentlich pädophil, ebenfalls an der Kindfrau Gefallen fand, trat sie großmütig an den Freund ab: „Ich überlasse Dir, mich selbst besiegend, diese einzigste, herrlichste, kindlichste, wunderbarste Frau, dieses Ideal meines Lebens!" (Pfäfflin, 16). (Groß wird die Selbstüberwindung nicht gewesen sein, da Pädophile oder Ephebophile meist bei erwachsenen Frauen impotent sind.) Kr. vermittelte der Schauspielerin ein Engagement in Hamburg, nachdem sie wütend über die kleinen Rollen, die sie in Wien spielen musste, dort gekündigt hatte. Ka. war schwer alkoholkrank. Ihre Trunksucht hinderte sie im Verein mit einer Lungenkrankheit daran, das Engagement anzutreten. Kr. unterstützte rührend seine geliebte „Annie" finanziell, um ihr dringend notwendige Behandlungen und Klinikaufenthalte zu ermöglichen. Sie nannte ihn zärtlich „Engelchen", „Kindchen". So nannte er zärtlich auch sie. Leider sah sich das Liebespaar kaum und ihre Alkoholsucht erwies sich als untherapierbar (43). Zu allem Unglück entdeckten die Ärzte Krebs in Ka.s Gebärmutter. Dann erschien in einer Klatschkolumne ein übler Nachruf auf die noch im Sterben

Liegende: „Sie hat Unsummen vergeudet, sie hat ihre Gesundheit vertrunken, sie hat Raubbau mit ihrem Körper getrieben" (58). Eine Woche nach ihrem Tod schrieb A. an Kr.: „Ich trauere mit Dir um die schönste süßeste genialste und kindlichste Frau dieser Erde. Wir haben sie „erkannt". Daher ist sie unvergesslich und unersetzlich." Hier sprechen „Genies" über ein „Genie". Aber war das Genie Realität? Die Presse schmähte die von den Verliebten Gepriesene als Theaterhure, die sich mit ihren 24 Jahren „auch schon eine halbe Million Mark in Diamanten und Perlen „erworben"" habe (81). Idealisierung und Entwertung prallten aufeinander. Ka.s Mutter verklagte die ihre Tochter schmähenden Zeitungsmacher. Der Schmuck der Ka. war tatsächlich nur 15.000 Mark wert. Die trauernden Verehrer Ka.s waren tief getroffen. In der „Fackel" erschien ein von Kr. redigierter Brief A.s.: „Wie Genies sterben". Darin wird Ka. als „Ausnahme aller Ausnahmen auf Erden" bezeichnet, in die Welt gesetzt, um den Menschen „einen unausgeführten Plan Gottes endlich in seiner letzten Vollendung zu zeigen" (87). Über die bedauernswerte, alkoholkranke, traurig gestorbene Schauspielerin-Prostituierte, die nie eine bedeutende Rolle am Theater gespielt hatte, heißt es in blinder „Sexualüberschätzung" (Freud): „Die schönste genialste sanfteste kindlichste Frau, die wie ein Gnadengeschenk des Schicksals in diese hintrauernde Welt der Unvollkommenheiten gesendet ward, hat sterben müssen." (Auch der minderjährige Geliebte Stefan Georges, genannt Maximin, wurde von dem trauernden Überlebenden zum Heiland vergottet. Und die liebende Sabina Spielrein glaubte fest daran, den mit C.G Jung in heiliger Hochzeit zu zeugenden Welterlöser gebären zu dürfen. So erzeugt Liebe Privatreligion.) Zur Vergöttlichung aber gehört häufig auch der Verschwörungswahn: Nicht Trunksucht und unheilbare Krankheit töteten den Körper der bedauernswerten Ka., vielmehr sei sie der Mordtat, der „feigen Satanskralle infamer Lebenskünstler" zum Opfer gefallen – sie, die „Ahnungslose, Unbewußte". Die Schurken aber „ewig bewusst, bewusst ihrer schurkischen Lüste" (88) töteten sie. In surrealer Idealisierung und irrealer Verkennung wird Ka. hier zur Unschuldgestalt/Lichtgestalt verklärt, die von merkwürdig schemenhaft bleibenden Mörderkreisen vernichtet wurde. Kr. stellte in der Fackel als Todesursache „Nichtachtung des Talents" fest, „die sicherlich hier wie so oft die letzte Ursache allen physischen Ruins" war (27.06.1902). Theaterdirektor Berger, Gönner der Ka., schrieb anläßlich der Umbettung der Gebeine der Verstorbenen an Kr.: „Ich hätte gehofft, dass außer mir Fräulein Balling und Detlev von Liliencron der Ceremonie bewohnen würden. Das wäre ein sinniges Leichengefolge gewesen: eine Hetäre, ein Dichter und ein Theaterdirektor" (15.12.1903). Kr. scheint die Anspielung mit der Hetäre nicht übel genommen zu haben, war Ka. ja auch eine unschuldige Dirne für ihn wie Dostojewskis Sonja. A. verfasste eine fiktive Grabinschrift: „„Wie ein adeligstes Paradigma der eigentlichen Pläne des Schöpfers mit diesem Kunstwerk „Frau", wardst du in dieses Tal der Unzulänglichkeiten, gesandt, Annie Kalmar!" Auf dass die Männer lernten, an der Anmut eines Lächelns bereits glückselig werden zu können! Aber sie lernten nichts. Sie fraßen sich satt und entfernten sich. Da zog denn der Schöpfer sein adeligstes Paradigma zurück, rief es wieder zu sich, da es unnütz war unter Menschen!" (138f.)

Diese grotesken, geradezu wahnhaften Umdeutungen der Realität waren nicht nur aus Gründen der Liebesblindheit nötig sondern auch, um das grotesk realitätsferne Hetärenideal, dem Kr. und A. in der Nachfolge Weiningers (und Bachofens Theorie) nachhingen, vor dem Zusammenstoß mit der armseligen Realität zu retten. Weil die Hetäre ideal und vollkommen war, musste alles, was im Leben der Hetäre nicht ideal, sondern grausam, leidvoll, selbstzerstörerisch war, den bösen Freiern angelastet werden. Kr. und A. waren, wie Mühsam es in seinen „Unpolitischen Betrachtungen" beschrieb, wie er selbst und Otto Gross, der mit den dreien wahrscheinlich seine Ideen im Kaffeehaus erörterte, sexuelle Immoralisten. Dass ihre Ideologie inhuman und destruktiv war, da sie, hinter der falschen Idealisierung verborgen, Frauen psychisch schwer beschädigte, weil sie die Bindungsbedürfnisse der Frau als illegitim zurückwies und ständig mit Füßen trat, verleugneten sie. Es gab aber auch Beobachter wie Maximilian Harden, die das Absurde dieser Verirrung erkannten. Harden wagte es Kr. „seinen grotesken Roman" (143) mit der Ka. vorzuhalten, worauf ihm Kr. ewige Rache schwor. Aber ein junger Dichter, Franz Werfel, wurde noch in die Liebesgroteske verwickelt, als diese bereits abgelaufen war: Er hatte an Ka.s Grab ein okkultes Erlebnis. Er las auf dem Stein die Worte „In ewigen Angedenken – Karl Kraus" (tatsächlich stand da nichts von „ewig", Anm. d. Verf.), war erschüttert und wurde von Tränen überwältigt. In der folgenden Nacht träumte er von einem Mann in einem Grab, den er liebt. Am Morgen erhielt er einen Brief von Kraus. Ein Jahr später begegnete er erstmals Kr. persönlich und erkannte in ihm den Mann aus dem Traum (149).

Zu A. muß doch noch etwas gesagt werden. Er lebte in einem heruntergekommenen Hotel am Graben, in unmittelbarer Nachbarschaft der „Grabennymphen". In seiner Schublade verwahrte er 1.500 Fotos: „Es sind lauter niedliche kleine Mädchen, manche von ihnen sind schön, manche nur angenehm (…). Sie sind ganz arglos in ihren Begierden, in ihrer Gefallsucht, in ihren kleinen durchsichtigen Raffinements" (Salten über A., Köhler, 243). A. sprach Minderjährige und sehr junge Frauen, die unbedingt sehr kindlich wirken mussten, an und bat sie, von ihnen Aktaufnahmen herstellen lassen zu dürfen. (Das versuchte er auch mit Alban Bergs Schwester, die ihm daraufhin eine Ohrfeige gab. Hätte A. gewusst, dass die Angebetete lesbisch war, hätte er vielleicht verzichtet.) In seinem Fundus sind auch ganz kleine Mädchen zwischen ca. 4 und 8 Jahren. Ich vermute, dass A. pädophil und ephebophil war. Sicher ist, dass er zu diesen Bildern masturbierte. Da es in Wien leicht war (wie auch in Paris) Sex mit Kindern zu haben, die von ihren mittellosen, oft proletarischen Eltern zum Lustkauf angeboten wurden, ist es überdies sehr wahrscheinlich, zumal wenn man den offen propagierten sexuellen Immoralismus A.s bedenkt, dass er mit Kindern und/oder minderjährigen Heranwachsenden Sexualverkehr hatte.

Im Volksmund und mittlerweile auch in der SZ werden solche Menschen „Kinderschänder" genannt. So hat das Cafe Central einem mutmaßlichen Kinderschänder ein Denkmal gesetzt in Form einer lebensgroßen Puppe. Übrigens war auch A. der Lebensreformbewegung zugetan, propagierte Vegetarismus und Reformmode. Er war mehrfach in Irrenanstalten, war alkohol- und medikamentenabhängig.

2.2.3.3. Köhler, Michael: Das Aktfoto. Bucher. München. 1985

Kosler, Hans (Hg.): Peter Altenberg – Leben und Werk in Texten und Bildern .München. 1981

Pfäfflin, Friedrich (Hg.): Wie Genies sterben. Walstein. Göttingen. 2001

Waissenberger, Robert (Hg.): Traum und Wirklichkeit. Wien 1870-1930. Museen der Stadt Wien. Wien. [2]1985

2.2.4. Die freie, promiske Bohème-Künstlerin

2.2.4.0. Einführung

Dieser Typus weist viele übereinstimmende Merkmale auf, wie die Beispiele zeigen.

2.2.4.1. Franziska Gräfin zu Reventlow (1871–1918)

R. stammte aus Schleswig-Holstein. Ihr Vater war Gutsbesitzer. R. war wie Elsa Plötz (2.2.4.2.), ein rebellisches Kind. Von einem protestantischen Internat wurde sie relegiert. In Lübeck, wohin die Familie zog, schloß sie sich dem Ibsen-Club an und las Nietzsches „Zarathustra". Weil sie mit einem jungen Mann eine sexuelle Beziehung einging, steckte die Mutter sie in eine Klosterschule, aus der sie nach Hamburg und dann München floh. Sie wollte Kunstmalerin werden (unter anderem bei Jawlensky), erwies sich aber als talentlos. Ihr Vater starb. Sie war enterbt worden. In Hamburg heiratete sie einen ehemaligen Liebhaber, verließ ein Jahr später ihren Mann und kehrte nach Schwabing zurück, wo sie die „Königin" der Bohème wurde. Im Januar 1897 war R. schwanger, der Sohn Rolf kam im September zur Welt. Sie nannte nie den Namen des Vaters, vielleicht weil sie ihn nicht wusste, da sie als echte Nymphomanin mit unzähligen Männern schlief. Mit Rolf lebte sie fortan in einer symbiotischen Beziehung. Auch als er schon halbwüchsig war, quälte sie jede kurze Trennung entsetzlich. Sie bemalte Bierkrüge, verkaufte Witzzeichnungen an den Simplicissimus und übersetzte französische Romane. Meist lebte sie in großer Armut. Sie prostituierte sich, aber blieb eine „Semiprofessionelle". Viele Männer wollten eine tiefere Beziehung mit der Schönen, aber sie war so bindungsunfähig, dass sie jedes derartige Ansinnen ausschlug oder nach kurzem Versuch abbrach.

Es reizte sie nur der „fremde Herr": „Ich liebe einen und begehre sechs andere, einen nach dem anderen" (Large, 54). Sie hatte so viele Männer im Bett, dass sie unmöglich ihre Namen behalten konnte, deshalb nannte sie alle „Paul". Nur die Form auffälliger Phalli prägte sich ihr ein, z.B. „Bleistift" oder „Keule" (54). Sie brauchte es, von wildfremden Männern ohne jede seelische Beteiligung „genommen" zu werden. R. verfasste eine Reihe von mittelmäßigen, leidlich humorvollen Novellen, die als Schlüsselromane gelesen werden können. Sie porträtierte darin Paul Stern (ein erfolgloser Philosoph), Stefan George, Karl Wolfskehl, Alfred Schuler und Oscar Schmitz, der ihr Geld lieh, dessen erotischem Typus sie aber nicht entsprach. Otto Gross analysierte R. und schlief mit ihr. Mühsam war heftig in sie verliebt und beschrieb sie entsprechend: „Die Gräfin war eine schöne Frau, ihr Äußeres von strahlendem Reiz, und das Herz erfüllt von der Sehnsucht nach einer schönen und freien Menschenwelt" (Mühsam, 126). Die Protektion des Nationalökonomen Jaffé (mit dessen Frau Else Gross ein Kind zeugte) reichte nicht aus, um ihr und ihrem Sohn ein erträgliches Leben zu ermöglichen. Mühsam vermittelte eine Scheinehe mit dem versoffenen Baron Rechenberg, der dadurch an sein Erbe kommen wollte. Die Gräfin zahlte ihren Anteil bei einer Bank ein, die Pleite ging. Sie schrieb darüber den Roman „Der Geldkomplex". R. war die einzige Frau, die bei den Kostümfesten Georges geduldet war. Es gibt Fotos, die sie dabei zeigen. George war nicht erfreut über die wenig idealisierende Art, in der sie ihn darstellte. Mit Wolfskehl hatte sie eine peinigende Affaire. Die Nachricht von „Fannys" Tod erreichte Mühsam in Traunstein, wo er 1918 interniert worden war. R. war nach einer Operation nicht mehr aus der Narkose erwacht.

Es ist bemerkenswert, wie unterschiedlich Mühsam und Schmitz die Gräfin sahen. Mühsam charakterisiert sie so: „Freilich war sie eine viel zu lebenshungrige und künstlerisch bewegte Natur, um sich nicht unbedenklich den Launen ihres sinnlichen Begehrens zu überlassen (…)" (121). Schmitz notiert am 18.4.1908: „Sie hat ihr Leben vollkommen verzettelt, sich von einem Arm in den anderen geworfen, und nun ist sie arm und altert" (Martynkewicz, Tagebücher). Die Gräfin war damals gerade 36 Jahre alt! Ein Foto aus dieser Zeit zeigt ihre fast kindlich-unschuldig wirkende, etwas traurig anmutende Schönheit.

2.2.4.1. Large, David: Hitlers München. Beck. München. 1998

Regnier, a.a.O.

Martynkewicz, a.a.O.

Mühsam, a.a.O.

Reventlow, Franziska Gräfin zu: Romane. Langen/Müller. München. 1976

2.2.4.2. Else von Freytag-Loringhoven (1874–1928)

Eigentlich Else Plötz, aber mit diesem Namen hätte sie wohl kaum Aufsehen erregt und das war ihr Lebensinhalt. Sie wurde die erste Performance-Künstlerin avant la lettre (Gammel, A.1). Sie forderte sexuelle Befreiung für alle Frauen und führte selbst ein sexuell ausschweifendes Leben. Sie war zeitweilig ein schillerndes Mitglied von Dada, ja manche hielten sie für die Inkarnation der 1916 in Zürich gegründeten Bewegung. Provokante Grenzüberschreitungen und Verletzungen der gesellschaftlichen Normen überhaupt waren Ausdruck ihrer Persönlichkeit und ihrer Kunst.

E. wurde in Swinemünde geboren, das in Fontanes „Effi Briest" (1895) beschrieben ist. Vater Adolf war Maurermeister. (Sein Vater hatte die Familie im Stich gelassen.) Sein Umgang mit der Tochter war brutal und traumatisierend. Elsas schöne Mutter war Pianistin und Romantikerin. (Ihr Vater hatte sich umgebracht, als sie 14 war.) Der Vater trank, die Mutter zog sich in ihre Romanwelt zurück. Der Vater war Atheist, die Mutter religiös. Die Brutalität des Vaters erzeugte ein ständiges Klima der Angst. E. hasste ihn und liebte ihn auf eine masochistische Weise zugleich. Sie schrieb in einem Gedicht: „Ich liebe-hasse ihn. So wie er möchte ich sein" (23). Und so wie er wurde sie: eine Despotin des Dada. Ihre Mutter erlebte E. als nett und schwach. Der Vater hatte die Mutter in der Hochzeitsnacht mit Syphilis angesteckt. E. neigte wie der Vater zu Zornausbrüchen und gewalttätigem Agieren. Sie träumte schon als Zwölfjährige, den Vater zu ermorden (25). Sie wünschte sich ein Junge zu sein, war zotig und rauchte. Mit 16 zog sie nach Berlin zu einer Tante. Sie studierte an der Kunstschule. Die Mutter machte 1890 ihren ersten Suizidversuch, ein Jahr später einen zweiten. Sie wurde in die Psychiatrie aufgenommen. E. weigerte sich, die krebskranke Mutter zu pflegen. Das besorgte ihre Schwester. E. war außerordentlich trotzig. Die Mutter starb 1893. In ihren Phantasien lag E. mit rotem Unterrock bekleidet auf dem Bett und lockte Männer an, die der Vater verjagte, dem sie sich ebenfalls darbot. Damals verlor sie vermutlich mit einem Unbekannten ihre Jungfernschaft, blieb aber zunächst noch anorgasmisch. Der Vater brachte eine Stiefmutter ins Haus, die E. hasste. Im Streit mit dem Vater warf sie ihm vor, am Tod der Mutter schuld zu sein – er würgte sie. Sie liebte es fortan zu provozieren, am besten vor Publikum. E. floh zu ihrer Tante nach Berlin. Sie hatte keine Ausbildung und war völlig unpolitisch. Ich denke, dass für jedermann bereits klar geworden ist, dass sie eine schwere Persönlichkeitsstörung mit soziopathischen Zügen aufwies. Dennoch war sie befähigt, durch ihre Kreativität ihre Verrücktheit in Künstlertum zu verwandeln und so den Weg in eine Bohème-Existenz zu finden. Greve, ihr Partner, beschrieb in seinem Roman Fanny Elser (1905) ihren Werdegang in Berlin. E. war sexbessesen: „Die Sexlogik war mir eingeimpft, und ich habe sie benutzt" (38). Die entsetzte Tante fand sie mit 100 Mark ab und war froh, sie los zu sein. E. heuerte als Tänzerin in einem Varieté an. Man ging auf Tournee und E. hatte jede Nacht einen anderen Mann. Es sprach sich herum, dass sie nymphoman war. Sie fing sich einen Tripper ein. Die Tante versuchte, sie durch Schauspielunterricht in ein geordneteres Leben zu führen. Vergeblich. Aber in Hosenrollen hatte sie Erfolg. Sie brüskierte in Selbstsabotage ihre Geldgeberin und war mit 31 Jahren wieder mittellos. Als Tänzerin hatte sie Verehrer, die sie für Sex bezahlten. Sie setzte das Geld sofort im Kaufrausch um. All diese Verhaltensweisen zeigen, dass E. an einem eklatanten Mangel an Impulskontrolle litt. Sie hatte aber auch als Schauspielerin gelegentliche Erfolge in ernsten Rollen. Lesbiertum war im Gegensatz zur männlichen Homosexualität nicht verboten. E. probierte lesbischen Sex aus, fand aber keinen Gefallen daran. Ihr Erscheinungsbild war androgyn oder betont männlich. Sie erkrankte an Syphilis und wurde erfolgreich behandelt. E. lernte den Dekorateur Lechter kennen, der auch die Räume der „Neuen Gemeinschaft" gestaltet hatte. Über Lechter fand sie Zugang zum George-Kreis, nicht aber zum Meister selbst. Mello, wie sie Lechter nannte, verehrte sie abgöttisch. Lechter porträtierte sie als Orpheus (1896). 1896 verliebte E. sich in den Dramatiker Ernst Hardt (50). Er prügelte sie und sie war fügsam. Eine Vaterübertragung. 1898 war die Beziehung zu Ende. Hardt verarbeitete seine Erfahrungen mit E. dramatisch in „Der Kampf ums Rosenrote" (1904). Ihr Liebhaber Greve schlug zurück, indem er in Fanny Elser seinerseits Hardt schonungslos bloßstellte: Geschildert werden sadomasochistische Szenen, wie die Frau den Mann provoziert, der sie dann brutal misshandelt. E. ging mit dem blutjungen Richard Schmitz nach Neapel. Aber der Unerfahrene war ihr sexuell zu langweilig. Da war sein älterer Bruder Oscar Schmitz von anderem Kaliber. Der Spieler, Schriftsteller, Erotomane, Drogennutzer und Psychoanalytiker, der uns noch ausführlich beschäftigen wird, schildert E. als „hetärenhaftes, geistreiches Geschöpf" mit eiskalten Augen (53). Schmitz und E. hatten einen „one-night-stand", der Bruder war egal. In seinem Roman „Klarin Wieland" erzählt E. ihre sexuellen Abenteuer dem faszinierten Erzähler. In Rom hatte die 25-jährige E. eine Affäre mit einem Kunstprofessor. Ein kleines, jetzt fälliges Erbe der Mutter erlaubte ihr, alleine nach München aufzubrechen (1900). Sie nahm Wohnung bei Schmitz, ging mit ihm ins Bett und zog weiter. E. wollte als Künstlerin tätig sein, wusste aber nicht wie. Sie war offenbar malerisch völlig unfähig. Sie hatte Kontakt zu Wolfskehl und den Kosmikern, zu denen zeitweilig auch Schmitz gehörte. Die Kosmiker fußten ideologisch zum Teil auf Bachofens Mutterrechtstheorie. Die Urmutter und die Frau als Hetäre waren Ideal, der patriachalische Vatergott wurde als Moloch abgelehnt. (Genauso dachte O. Gross. Auch Viktor Tausk argumentierte mit Bachofen gegen Freud, der sich dagegen wehrte.) Die Kosmiker vertraten eine dionysische Religion – nicht unähnlich den Gedanken, die Jung 1910 an Freud schrieb. Ludwig Klages sah – auch ähnlich wie Jung – den Geist als Widersacher der Seele an. Klages merkte an, dass E. in Intelligenzkreisen durch viele Hände ging. E. lernte auch Schuler kennen und seine bizarre Blutleuchten-Theorie. Auch die Gräfin Reventlow kam mit E. in Kontakt.

Die Destruktivität, die sich in E.s Sexualverhalten zeigte, spürten viele Männer wie z.B. Schmitz, der sich vor ihrem kastrierenden Lachen fürchtete. Sie saugte Männer sexuell aus, blieb aber unbefriedigt. Häufig trieb sie die Männer in Impotenz. Darin drückte sich ihr Penisneid und der Hass auf den Vater aus. E. traf 1900 den Architekten August Endell, einen Begründer des Jugendstils. Er hatte das Atelier Elvira der Lesbierinnen und Suffragetten Goudsticker und Augspurg gestaltet. Sie wollte wieder einmal lernen, eine Künstlerin zu werden, aber natürlich scheiterte diese Absicht an nicht vorhandener Eignung und stattdessen landete man miteinander im Bett. Endells S/M Praktiken gefielen ihr zwar nicht, aber sie spielte in der Realbeziehung gerne die Domina. E. stellte einen Eheantrag, sicherlich überwiegend aus Versorgungsgründen und Endell ging darauf ein. Gast in der Berliner Wohnung des Ehepaars war oft Wedekind. Da Endell eng mit Lou Salomé befreundet war und blieb ist eine persönliche Bekanntschaft E.s mit Lou anzunehmen.

E. war von Endells Impotenz, die wohl auch mit ihrem Gebaren zusammenhing (sie zog ihn wütend an den Haaren, wenn er versagte), genervt, außerdem verdiente er entgegen aller Erwartung kaum Geld. Also sah E. sich erneut um und erblickte Felix Greve. Greve war Übersetzer und „extrem teuer gekleidet" (70). Das gefiel ihr. Sie setzte ihrem Mann ganz offen ihr Recht auf Sex auseinander und er fügte sich. Mit Greve blieb sie 10 Jahre verbunden; es war die längste und wichtigste Beziehung ihres Lebens. Greve war bisexuell. Er verkleidete sich gerne als Nixe. E. war der aktive Part – Greve ließ das erste Mal zitternd über sich ergehen (76). Endell versuchte sich umzubringen. Endell zog sich nach Ravello zurück, wo er Wolfskehl traf, der gerade seine Frau kurzzeitig hinter sich gelassen hatte, um sich mit der Reventlow zu vergnügen. Mit Greve erlebte E. – 38 Jahre alt – ihren ersten Orgasmus (78). Er hielt ihr aber den Mund zu, damit sie nicht zu laut schrie und danach durfte sie ihm nicht nahe kommen. Aber nun war Kilian, der frühere Geliebte Greves, eifersüchtig und rächte sich: Grewe ging wegen 40.000 Mark Schulden ins Gefängnis. Zu dieser Zeit träumte E. einen hochinteressanten Traum, in dem sie durch eine Tür in eine Arena tritt und drei Statuen mit steifen Penissen begegnet, die sie passieren muß voller Angst, wobei sie von hinten jeder der Penisse berührt; dann steht sie vor einem Sarg mit Frauenleiche, deren Unterleib von Würmern zerfressen ist. Eine Deutung erübrigt sich. Sie versuchte sich in der Folge an homosexuellen Männern, derer sie sich wie ein Stalker bemächtigte. 1904 kam Greve frei und besuchte Gide, dessen Werke er übersetzen wollte. Greve bot sich Gide als Sexobjekt an, der aber, durchaus erregt, unternahm nichts (81). E. publizierte Gedichte im expressionistischen Stil.

Greve und E. heirateten 1907. 1908 notierte Schmitz, dass E. wegen Depressionen über den Verlust ihres Hundes in einer Anstalt war (85). 1909 täuschte Greve mit Unterstützung seiner Frau Suizid vor und setzte sich aus Deutschland ab nach Amerika, um sich seinen Schulden zu entziehen. Das Paar verhielt sich kriminell. E. folgte ihrem Mann in die USA. Sie begann wieder Lyrik zu schreiben. Greve verließ 1911 seine Frau. E. schrieb an den Rand eines Gedichtes: „Ich werde für verrückt gehalten, aber der Künstler gilt in gewisser Weise immer als verrückt" (90). 1913 heiratete E. den Baron von Freytag-Loringhoven. Auf der Heiratsurkunde gab die 39-jährige ihr Alter mit 28 und ihren Familienstand mit „ledig" an. Der 11 Jahre jüngere Baron war auch kein unbeschriebenes Blatt. Auch er war vor (Spiel-) Schulden nach USA geflohen, lebte von seinen Frauen, von denen E. nur eine war. 1914 aber ging auch diese Ehe in die Brüche. Der Baron meldete sich 1914 als Kriegsfreiwilliger und nahm E.s Notgroschen mit. Er erschoß sich 1919 in St. Gallen (97). E. begann

1914 als Modell für die Malerin Theresa Bernstein zu arbeiten, die sie mit der nach Amerika exportierten „Schiele-Aura" malte (A. 148). In New York wurde E. Mitglied des Kreises um die Mäzenin Mabel Dodge, die den New York Dada um sich scharte.

Sie lernte Marcel Duchamp kennen, der das „ready made" erfand. Er war ihr platonischer Freund, der ihr nicht erlaubte, ihn zu berühren (105). E. stilisierte sich selbst zum Kunstobjekt, verwendete Tomatendosen als Büstenhalter und trug einen künstlerischen Penis in Form einer Art Peitsche mit sich. Djuna Barnes wurde mit E. 1916 bekannt. Erstere fühlte sich von der androgynen Erscheinung magisch angezogen (115). E. lebte ihren Penisneid ungeniert aus. Sie schuf sich einen gewaltigen naturalistischen Gipsphallus, den sie als ihren Besitz mit sich führte und schockierten Amerikanern vor die Nase hielt (116). E. wurde wiederholt, weil sie Kaufhausdiebstähle beging, eingesperrt (116). Sie konnte sich durch ihre Kunst nicht ernähren. 1917 schuf sie aus einem Abflussrohr ein Kunstwerk Namens „Gott", das blasphemisch provozieren sollte (124). Vor dem Surrealisten Bataille setzte sie Gott mit „Scheiße" gleich.

1918 lernte E. Jane Heap kennen, die in dieser Arbeit im Kapitel „Left Bank" geschildert wird. Heap war Lesbierin, Tochter eines Psychiaters, trug Männerkleidung und das Haar kurz, die Lippen knallrot. Sie und Margaret Anderson publizierten in „Little Review" nicht nur den „Ulysses" als Fortsetzungsroman, sondern auch die Gedichte der Baronin. Sie war neben Hemingway, Pound, Picabia, Yeats in bester Gesellschaft. Von 1918 bis 1921 war sie sogar der Star. In ihrem obszönen Gedicht „King Adam" fordert sie 1919 als „klitoris-gesteuertes" lyrisches Ich ihren Liebhaber zum Cunnilingus auf. Sie wurde aber auch von Künstlerinnen kritisiert. Evelyn Scott bezeichnete sie als „nackte Orientalin, die im Sextanz ihrer Religion feierlich unanständige Gesten macht" (138). Damit hatte Scott sie als Vertreterin der dionysischen Religion erkannt. Heap behauptete dagegen: „Wahnsinn ist der von ihr gewählte Bewusstseinszustand. In diesem Bewusstsein produziert sie Kunst" (136). Heap und Anderson wurden 1922 Schülerinnen des Gurus Gurdjieff. Bekanntlich wurde der „Ulysses" in den USA 1921 verboten, nachdem das „Nausikaa-Kapitel" erschienen war. Aber Beach brachte das Buch in toto 1922 in Paris heraus. Joyce gab Djuna Barnes das Originalmanuskript, das Barnes später verkaufte. Von dem Erlös unterstützte sie Elsa. Es kam zu Spannungen zwischen E. und Anderson, die von den Launen der Diva genug hatte (142). William Carlos Williams holte die wieder mal zu einem Aufenthalt im Gefängnis gezwungene E. am Tag ihrer Entlassung ab. Er war verheiratet und ein Frauenheld und sah in ihr in der Übertragung seine Großmutter. Der 9 Jahre älteren E. missfiel es, dass Williams nur platonisch zu lieben schien; sie forderte Sex und drohte mit der Veröffentlichung von Liebesbriefen (149). Sie bot ihm an, ihn mit Syphilis anzustecken, damit sein Geist frei werde (was in Thomas Manns Roman „Doktor Faustus" der Musiker-Held Adrian Leverkühn bekanntlich durch die Hetäre Esmeralda geschehen läßt). Dieses teuflische Angebot ließ W. noch mehr zurückschrecken vor dieser kastrierenden phallischen Frau (149). Es kam zu Tätlichkeiten, wobei sie den Widerspenstigen schlug! Das nächste Mal schlug er ihr, als er glaubte, sie würde ihm ein Messer in den Bauch rammen, prophylaktisch mit der Faust ins Gesicht (149).

Soviel zu der „reifen" Objektbeziehung zwischen den Beiden.

In ihrem Friedhof-Gedicht „Graveyard" besingt sie die abgeschnitten Genitalien von Duchamp, Logan und Williams, die drei Männer, die sich ihrer sexuellen Inbesitznahme erfolgreich widersetzt hatten (149). Sie war die kastrierende Frau, der weibliche Rachetypus der Hysterica, den die Psychoanalyse beschrieb. Weil man sie allmählich unerträglich fand, schloß man sie aus, sie rächte sich, indem sie als ungebetener Gast auf Vernissagen erschien und anwesende Künstler und Gäste ohrfeigte (155). Sie bezeichnete sich als „Amazone" (157). Bevor sie mit Heap und Anderson nach der Left-Bank in Paris übersiedelte, ließ sie sich von Ray und Duchamp beim Rasieren ihres Schamhaares fotografieren und filmen (159).

Sie stieß Jane Heap mit ihrem unmöglichen Verhalten zunehmend vor den Kopf. E. verließ New York, nachdem sie feststellen musste, dass weder Diebstahl noch Erpressung ihrer Liebhaber ihr genug Geld zum Lebensunterhalt einbrachten. Die Biografin schreibt, dass die Baronin „keineswegs verrückt" gewesen sei, aber unter „Stimmungsschwankungen" gelitten habe, die mit der „Unfähigkeit einhergingen, ihre Aggressionen zu kontrollieren. Mal neigte sie zu Größenwahn, dann wieder zu vernichtendem Selbsthaß" (168). Auch ich glaube nicht, dass sie schizophren war, aber offensichtlich litt sie an einer schweren Borderline-Störung des narzisstischen und antisozialen Typs.

Nach Berlin zurückgekehrt schlug sie sich als Zeitungsverkäuferin durch. Ihr 1923 verstorbener Vater hatte sie enterbt. Von dem Pianisten Allen Tanner erhielt sie finanzielle Hilfe. August Endell erlebte ihre Forderungen als Alptraum. Er starb 1925. E. nutzte ihre intimen Kenntnisse über Stefan George, um zu versuchen, ihn mit diesen zu erpressen, was aber misslang. Was sie ihm schrieb, zeugt einerseits von E.s wüsten Aggressionen, andererseits auch von einem schonungslosen Realismus, der Georges lächerliche, obwohl so destruktive Persönlichkeit hinter dem Geniekult bloßstellt. Sie spielt dabei auf ein Foto an, das in ihrem Besitz war:

„Du ekelhafter, obsoleter alter Homo mit dem
‚Primadonnengeist' – jenes Foto wurde vor unge-
fähr einer Generation gemacht – als ‚Carlos'
[Wolfskehl] Deinen Arsch küsste. Selbst ‚Ricarda'
[Huch] hat mehr Würde als Du – geh zum Hades –
Schätzchen! Du bist ‚Charley Chaplin' unter dei-
ner Aufmachung – nicht ‚Goethe'. Wer trieb Dich
dazu? Irgendeine alte Schwuchtel?" (179)

E. litt an Herzrasen, Angstattacken, Alpträumen und Schlaflosig-
keit (180). Die Berliner Dadaisten wie Raoul Hausmann und
George Grosz schätzten sie nicht. Mit Hannah Höch kam sie
wohl nie in Kontakt (181). 1922 trat Anita Berber mit Sebastian
Droste als Nacktänzerin auf (A. 183). Sie führten „Tänze des
Lasters, Tänze des Grauens und der Exstase" auf. Berber war
kokainsüchtig und wirkte in Aufklärungsfilmen mit, die Magnus
Hirschfeld wissenschaftlich und Ostwald regiemäßig betreuten.
Mit dem zweiten Mann der Tänzerin, Henri Chatin-Hofmann
teilte sich E. wahrscheinlich zeitweilig die Wohnung. Berber
starb 1928. E. wurde von Berenice Abbott finanziell unterstützt,
jener Fotografin, die die besten Fotos von Joyce machte. Ihr
widmete E. das Kunstwerk „Portrait of Berenice Abbott" (189).
Abbott besuchte 1923 Barnes in Paris und las ihr Briefe von Elsa
vor. Barnes war begeistert und suchte Kontakt. Für E. war sie der
Strohhalm, der sie vor dem Ertrinken rettete. Barnes wurde E.s
Lektorin und Managerin. Sie publizierte ihre Gedichte in Pariser

Zeitschriften. Auch Peggy Guggenheim half mit Geld. Obwohl E. in ihrer Jugend keinen Gefallen an der lesbischen Liebe fand, bot sie sich jetzt zur Heirat mit Barnes an (193). Diese blieb bei Thelma Wood. Auf Barnes Anregung hin begann sie in dem Bodelschwingh-Heim für obdachlose Frauen ihre Autobiographie zu schreiben. Sie weigerte sich dort, bei der Hausarbeit mitzumachen. In einem größenwahnsinnigen Brief an den Leiter behauptete sie „über der Sitte" zu stehen (also jenseits von Gut und Böse, wie es alle Dionysiker taten), überaus intelligent zu sein und andere durch ihre Kunst führen zu können. Wie Otto Gross glaubte sie eine Führerin zur Befreiung der Menschheit zu sein, war aber leider nur eine arme, tief gestörte, gescheiterte Frau. Sie wurde in die Landesirrenanstalt eingewiesen (197). Von dort wurde sie bald wieder entlassen. „Ich spucke auf einen wirkungslosen Christus" schrieb sie in ihrer Biografie. Barnes hat ihrer Freundin in „Nachtgewächs" (1936) als Robin Vote ein Denkmal gesetzt. In dieser Figur sind sowohl Thelma Wood als auch E. verdichtet. 1926 konnte E. endlich nach Paris reisen. Ein Foto zeigt sie mit Barnes am Strand (206). Sie lernte Man Rays Cello-Dame, Kiki de Montparnasse kennen, die selbst malte (208). Aus Frankreich wurde sie ausgewiesen, weil sie öffentlich einen BH aus Milchdosen und auf dem Kopf einen Pflaumenkuchen getragen hatte. So angezogen hatte sie in einem Cafe eine Dame tätlich angegriffen (213). Sie starb aber noch in Paris am 15.12.1927 an einer Gasvergiftung; vermutlich war es ein Suizid, von dem sie unzählige Male vorher schon gesprochen und geschrieben hatte. Barnes ließ eine Totenmaske anfertigen (A. 127).

Wie Gross wurde auch E. von zahlreichen Schriftstellern, die mit ihr im Bett waren oder sie sonst kannten, porträtiert.

Sie ist Elsa in „Der Kampf ums Rosenrote" von E. Hardt. Als „Klarin Wieland" erscheint sie in „Lothar" von Schmitz. Greve lässt sie in „Fanny Elser" und „Maurermeister Ihles Haus" auftreten. Wie bei Otto Gross der Biograf ist auch die Biografin von E. einer idealisierenden Identifikation erlegen, nur nicht ganz so krass. Gross wie E. wiesen eine Borderline-Persönlichkeitsstörung auf. Beide Beispiele zeigen, wie man mit einer solchen Persönlichkeitsorganisation in der Kunst wie in der Wissenschaft zeitweilig reüssieren kann, aber letztlich oftmals doch scheitern muß.

2.2.4.2.   Gammel, Irene: Die Dada Baroness. Edition Ebersbach. Berlin. 2003

2.2.4.3. Suzanne Valodon (1865 – 1938)

Die schöne, 154 cm kleine ehemalige Artistin war als Modell und Malerin eine Berühmtheit auf dem Montmartre. Sie soll mit nahezu jedem Maler, Dichter oder Musiker auf der „Butte" im Bett gewesen sein. Der Vater ihres Sohnes, des Malers Maurice Utrillo ist unbekannt, auch wenn Miguel Utrillo pro forma die Vaterschaft anerkannte. V. stand für Renoir Modell, der sie sehr freizügig nackt malte. Ihr selbst diente vor allem ihr heranwachsender Sohn als Aktmodell. V. und Lautrec wurden für eine gewisse Zeit ein auffallendes Paar. Lautrec und Degas erkannten ihr großes Talent als Zeichnerin. Ab 1892 begann sie zu malen, z.B. ihren neuen Geliebten Satie. Vor allem aber malte sie realistische Frauenakte. 1896 heiratete sie den reichen Bankier Mousis. Ihr Sohn entwickelte sich zum gewalttätigen Trinker und Kriminellen. Ein Arzt riet ihm, Maler zu werden. Ab 1910 malte Utrillo gerne Straßenbilder, die ihn bekannt machten. 1909 verließ V. ihren Mann und malte sich und ihren neuen Mann Utter als Adam und Eva. Seinen Penis musste sie mit einer Weinranke übermalen, um das Bild ausstellen zu können. 1911 malte sie „Freude des Lebens": vier nackte Frauen werden von einem Mann heimlich beobachtet. 1923 entstand die „Ikone der weiblichen Emanzipation" (Hille, 30) „Das blaue Zimmer": Eine selbstbewusste, mollige, vollbusige Odaliske mit Zigarette im Mundwinkel ist lässig auf dem Diwan ausgestreckt. Mit 66 malte sie sich noch einmal schonungslos mit nackten, welken Brüsten.

2.2.4.3.   Hille, Karoline: Fünf Malerinnen der frühen Moderne. Reclam. Leipzig. 2002

2.2.5.   Modell und Malersgefährtin

2.2.5.0.   Die „mehrfache Nutzung" von Frauen

Typisch für die Avantgarde ist die „mehrfache Nutzung" von Frauen als Sexualobjekt, Muse, Modell, finanzielle Einnahmequelle und gelegentlich auch Managerin durch männliche Künstler, wie es schon am Beispiel Jawlensky dargestellt wurde. Hier greife ich zwei Frauen heraus, die um 1910 dem bedeutendsten Maler des 20. Jahrhunderts, Picasso solche Dienste erwiesen bzw. sich auch zeitweilig dagegen sträubten. Dass für Picasso alle Kunst erotisch ist, ist inzwischen beinahe ein geflügeltes Wort. Nach seinen Geliebten sind zum Teil seine künstlerischen Phasen benannt. Das vielleicht wichtigste Bild der ersten Hälfte des 20. Jahrhunderts, das 1907 entstandene Gemälde „Desmoiselles d'Avignon", das den Kubismus einleitete, hieß ursprünglich „Le bordel d'Avignon" (Widmaier-Picasso, 12). Von Picasso sind ab ca. 1901 zahlreiche Zeichnungen und Gemälde überliefert, die den Geschlechtsverkehr (oft zeichnete der Künstler sich selbst oder Freunde) in allen Variationen, auch lesbischen Sex und Gruppensex zeigen. Sexualität ist das konstante Thema bei Picasso, das nur in Phasen der Depression ausbleibt, und bis in die allerletzten Bilder des Greises erhalten bleibt. Üblich war in Paris um 1910 der Frauentausch: Man „lieh" sich sozusagen gegenseitig die Modelle zum Malen und für den Sex. Dieses Tauschverhalten wurde aber dann durchbrochen, wenn der Künstler sich verliebte. Dann erwachte plötzlich die Eifersucht, wie es bei den jetzt vorzustellenden Damen der Fall war. Als Charakteristik für das künftige Sexualleben Picassos will ich nur noch sagen, dass der Künstler einem „bigamen" Muster folgen wird: Picasso hat grundsätzlich immer zwei Frauen (neben Gelegenheitssex, der nicht zählt): eine offizielle und eine heimliche, wobei die offizielle nach einer gewissen Zeit verabschiedet wird und die heimliche Geliebte zur offiziellen Partnerin avanciert, wobei schon die nächste heimliche Geliebte bereit steht.

Ich verkneife mir eine psychoanalytische Deutung dieses Musters, sage nur soviel, dass P. in der Kinder- und Jugendzeit von einer Korona ihn liebender und bewundernder Frauen umgeben war und schon ganz früh als „Wunderkind" galt.

2.2.5.0.   Widmaier-Picasso, Diana: Picasso. Prestel. München. 2005

2.2.5.1. Fernande Olivier (1881–1966)

P. traf O. 1904. Aber erst 1905 zogen sie zusammen und blieben es bis 1912. O. war schon ein bekanntes Modell und P. verbot ihr, anderen Malern Modell zu stehen – aus (berechtigter) Eifersucht. Aus Eifersucht, die pathologisch genannt zu werden verdient, ließ er es aber auch nicht zu, dass sie einkaufen ging. Das besorgte er selbst und sperrte sie in der Zwischenzeit ein! 1909 war P. bereits so berühmt und wohlhabend, dass er aus dem legendären „Bateau-Lavoir" ausziehen konnte und in eine bürgerliche Wohnung am Boulevard de Clichy zog.

O. war unehelich geboren, wuchs bei Onkel und Tante auf, die ihre leibliche Tochter mehr liebten als sie, wurde mit 17 mehr oder weniger vergewaltigt und zwangsverheiratet, lief ihrem Mann davon, wurde, weil sie sonst nichts konnte, Künstlermodell und lernte durch den Maler Sunyer Gefallen am Sex zu finden. P. verführte sie während eines gemeinsamen Opiumrausches. Kees van Dongen malte ein eindrucksvolles Gemälde von O. in dieser Zeit (1905). Und P. malte sich und sie beim Sex („Die Umarmung", 1903).

2.2.5.1.   Mailer, Norman: Picasso. Piper. München. 2. Aufl. 1996

2.2.5.2. Irene Lagut (1893–1994)

Die Frau, die O. nachfolgte, war Eva Gouel (1885–1915), die ich hier nicht darstelle, weil wir von ihr so gut wie nichts wissen. Das Gleiche gilt für Gabrielle Depeyre. Besser ist die Informationslage bei L., die sehr schön war, wie ein 1914 aufgenommenes Aktfoto zeigt (Mössinger, 118). Auf dem Lande als Tochter eines Postbeamten aufgewachsen, wurde sie mit 15 von ihrem Arzt verführt. Der Prozeß gegen den Arzt platzte, weil L. nicht gegen ihn aussagen wollte. Nach mehreren Liebschaften lebte sie mit einem Mann zusammen, nahm sich aber das Recht heraus, Sex mit Frauen und Männern ihrer Wahl zu haben. Sie tanzte oft im Bal Bullier, wo 1912 der Tango eingeführt worden war. Dort begegnete sie Appollinaire und Jakob, die erotisch fasziniert von ihr waren. Ihre Affäre mit Picasso begann 1916. Zeitgleich war sie mit ihrem festen Freund weiter liiert und sie schlief auch mit Helene d'Oettingen, die ihre feste lesbische Freundin war. P. wollte sie unbedingt heiraten. Er bewunderte ihre Malerei. Mit Freunden machte er L. betrunken, entführte sie, schloß sie in einem Versteck ein. Es gelang ihr zu fliehen. P. versuchte, sie mit einem Aktfoto zu erpressen, was misslang. Apollinaire hat das alles in einem Roman (119) festgehalten.

Trotz ihrer negativen Erfahrungen mit dem gewaltsam besitzergreifenden P. ließ sie sich Ende 1916 wieder auf ihn ein. Es war die Zeit, als Picasso an dem Bühnenbild für das Ballett „Parade" arbeitete, für das Satie die Musik schrieb und Diaghilew die Choreographie einstudierte. Cocteau und der Esoteriker und Okkultist Max Jakob waren oft zu Besuch. Aber L. floh vor der projektierten Heirat zu ihrem früheren Freund zurück. Wenig später verliebte sie sich in den homosexuellen Freund von Cocteau. 1923 gab es noch einmal eine kurze Affaire mit P., dann heiratete L. einen Chirurgen, den sie 1948 wegen einer lesbischen Liebe verließ. Sie starb, über 100 Jahre alt, in Menton.

2.2.5.2.   Mössinger, Ingrid (Hg.): Picasso et les femmes. Dumont. Köln. 2002

2.2.6.   Die Tänzerin – das Ideal der Nacktheit

2.2.6.0. Einleitung

Die Ärztin Bess Mensendieck veröffentlichte 1906 ihr Buch „Körperkultur des Weibes". Darin zeigten nackte Frauen Körperübungen. Nacktgymnastik für beide Geschlechter kam in Mode. Schon der Maler Karl Diefenbach hatte nackt in der Natur gelebt und dies an seine Schüler Hugo Hoeppner (Fidus), Frank Kupka und Gusto Gräser weitergegeben. Hesse ging zum Nacktklettern an den Walensee. Aber insbesondere der neue Ausdruckstanz, den Isodora Duncan kreierte, forderte die Nackttänzerin als Ideal, wobei die griechische Klassik Pate stand. Rudolf von Laban, der zeitweilig auf dem Monte Verita wirkte, veranstaltete dort Selbstausdruckstänze im Mondschein, an denen bis zu 60 nackte Tänzer beiderlei Geschlechts teilnahmen. Natürlich erregte der Nackttanz Anstoß. Adoree Villany (Foto Köhler, 307), die, wie viele professionelle Tänzerinnen, auch Sex gegen Bezahlung bot, wurde 1911 in München auf der Bühne verhaftet und abgeschoben (308). Die Nacktänzerin Olga Desmond trat auch in Filmen auf. In Max Reinhardts „Die Insel der Seligen", gedreht 1913, wurden erstmals im Kunstfilm völlig nackte Frauen in einer Sexszene gezeigt, die Böcklins Nereiden-Gemälde nachempfunden war (Fritz, 59). (Pornografische Filme, die nicht in öffentlichen Lichtspielhäusern gezeigt werden konnten, gab es schon vor 1913.) Die Tänzerinnen Mary Wigman, Gertrud Leistikow, Valeska Gert und Ursula Falke sind nackt aufgetreten.

Zeitschriften wie „Ideale Körperschönheit" (Dresden) oder „Die Schönheit" (ab 1904), die von einer Nacktkulturvereinigung herausgegeben wurden, zeigten ausschließlich Aktaufnahmen. Einen guten Eindruck vom Nacktanz, allerdings erst aus späterer Zeit, geben die künstlerisch sehr gelungenen Fotos von Nelly, die die Tänzerinnen Mona Paiva (Harder, Abb. 30) und Nikolska (32) auf der Akropolis zeigen. Damit war der Ausdruckstanz zu seinem idellen Ursprungsort zurückgekehrt.

2.2.6.0. Fritz, Walter: Kino in Österreich. Österreichischer Bundesverlag. Wien. 1981

Harder, Walter: Nelly. Prestel. München. 2001

Köhler, Michael: Das Aktfoto. Bucher. München. 1985

2.2.6.1. Isadora Duncan (1877–1927)

Im Gegensatz zu Mary Shelleys Roman „Dr. Frankenstein", der einem tiefen Pessimismus gegenüber der Utopie, einen neuen Menschen schaffen zu können, Ausdruck gab, lautete die Losung der russischen Revolution „Der Mensch wird umgebaut!" (Fest, 31). Als D. 1905 zum ersten Mal in Russland ankam, musste sie eigener Aussage zufolge die Leichenberge des „Petersburger Blutsonntags" passieren. Sie erlebte einen Wendepunkt ihres Lebens und beschloss, ihren Tanz in den Dienst der unterdrückten Menschen zu stellen und zur Erschaffung des Neuen Menschen zu verwenden. Natürlich stand sie unter dem Bann der Ideen Nietzsches, der den Übermenschen forderte. Andrej Belyi formuliert die (rückwärtsgewandte) Utopie, die in D.s Tanz steckte: „Unter der Maske des antiken Griechenlands war das Bild unseres zukünftigen Lebens, das Leben einer glücklichen Menschheit, stille Tänze auf einer grünen Wiese" (S. 9f.). Als sie 1921 wieder nach Russland ging, begeisterte sie sich für Podvojskijs Idee, dass sie ihre Ideen für die Erziehung der Soldaten der Revolution verwenden solle (10). Dass Lenin und Stalin als in der Wolle gefärbten Materialisten ihrer spirituellen Konzeption des Tanzes eigentlich hätten wie Wasser dem Feuer gegenüberstehen müssen, entging der Schwärmerin. D. befreite den Tanz von manirierten Ballettgesten und unnatürlichen Haltungen und schuf den

„modernen Tanz". In ihren Pariser und Berliner Schulen wollte sie kleine Mädchen, manche unter ihnen wurden „Isadorables" genannt und waren von ihr adoptiert worden, zu „Neuen Menschen" erziehen. Edvard Steichen wollte sie am ideellen Ursprungs-Ort ihrer Tanzkunst, dem Parthenon, filmen, aber sie erlaubte nur ein Foto, auf dem sie winzig klein zwischen den riesigen Säulen verschwindet (Roberts, 27). Stüdemann sieht sie als perfekte Verkörperung der „dionysischen Tänzerin" (16). [Sicherlich verband sich bei D. Spiritualität und (marxistische) Gesellschaftsutopie, dies gilt zumindest für die letzte „heroische" Phase ihres Schaffens von 1914–1924.]

Duncan setzte Abbildungen rasender Mänaden, die sie auf antiken Vasen gesehen hatte, in Tanz um. Ein kostbares Foto von 1903 zeigt sie im Theater des Dionysos (95) in Aktion. Wie sehr D.s Konzept einer rückwärtsgewandten Utopie entsprach und damit der marxistischen Geschichtsaxiomatik widersprach, zeigt folgendes Zitat: „Der Tanz der Zukunft ist – wenn wir bis zur Urquelle allen Tanzes, der Natur zurückgeben – der Tanz der Vergangenheit, der Tanz der ewig derselbe war und ewig derselbe sein wird" (95). Dies ist doch eine ahistorische, eine zeitlose Auffassung des ewigen Tanzes, die oberflächlich von Nietzsches „Geburt der Tragödie" inspiriert war. Nietzsche sagte bekanntlich, er würde nur an einen Gott glauben, der zu tanzen verstünde und Dionysos war dieser „Wahr-Tänzer". Ob die D. sich ihrer Instrumentalisierung durch den Parteiapparat auch nur im Ansatz bewusst war, sei dahingestellt.

Sie ist und bleibt eine Legende und auch ihr Tod fügt sich in dieses Bild: Sie wurde von ihrem frei flatternden langen Schal, der sich in den Speichen eines Rades ihres Sportwagens verfing, erdrosselt.

2.2.6.1.   Stüdemann, Natalia: Dionysos in Sparta. Isodora Duncan in Russland. Transcript. Bielefeld. 2008

Fest, a.a.O.

2.2.6.2. Ruth St. Denis (1879–1968)

Obwohl Isadora Duncan der Ruhm gebührt, den spirituellen Ausdruckstanz ins Leben gerufen zu haben, so war sie selbst doch nicht die größte Vertreterin des spritituell-expressionistischen Tanzes. Dies war nach meiner Ansicht die amerikanische Tänzerin St. Denis. Sie ist von Hugo von Hofmannsthal (1906) als „die unvergleichliche Tänzerin" gefeiert worden. Er sah sie in einem sakralen Tanz. Sie saß zuerst in Buddha-Haltung, ohne mit der Wimper zu zucken (G.W. I, 498) und zeigte „ein Lächeln, das nicht von dieser Welt ist" (499). Sie tanzte Bewegungen, die H. an die javanische Tänzerin erinnerte, die vor Rodin tanzte (der ein

Faible für Tanz hatte und vor dem jeder berühmte Tänzer von
Nijinsky bis Duncan getanzt hat). „Der Fortgang des Tanzes ist
unschilderbar" (500). Und sie von der Duncan abhebend sagt er:
„Das Tanzen der Duncan, an diesen inkalkulablen Gebärden ge-
messen war ein Zeigen, fast ein Demonstrieren. Diese tanzt (…).
Diese ist die lydische Tänzerin, aus dem Relief herabgestiegen"
(501). Dass S.s. Tanzkunst zwar sinnlich war, aber auf Übersinn-
liches deutete, hat H. wohl verstanden: „Er (der Tanz) ist ganz
den Sinnen hingegeben und er deutet auf Höheres" (500).

S. hat auch Egon Schiele außerordentlich beeindruckt. Er hat vielleicht die manirierten Hand-Gesten, mit denen er sich von Trcka
fotografieren ließ, von S. sich abgeschaut. S. wurde in den USA
die bedeutendste Lehrerin des sakral-spirituellen Tanzes ihrer
Zeit.

2.2.6.2. Hofmannsthal, Hugo von: Gesammelte Werke. Fischer. Frankfurt/M.
1979

Miller, Kamae: Ruth St. Denis. Santiago. Goch. 2002

2.2.6.3. Clotilde von Derp (1892–1974) und Sacharoff (1886–1963)

Die bedeutende Ausdruckstänzerin D. (Foto Roberts, 60) war mit ihrem Lebensgefährten, Tanzpartner und späteren Ehemann, dem Maler und Tänzer S., der Transvestit war, Mitglied des Salons von Werefkin und Mitglied des interdisziplinären „Blauen Reiters". Jawlensky hat ein berühmtes Bild von S. gemalt, das ihn als Frau verkleidet zeigt. Sowohl D. als auch S. waren von theosophischen Gedanken durchdrungen und mystisch interessiert. Der Musiker Thomas von Hartmann (3.2.2.2.), der ebenfalls zum „Blauen Reiter" gehörte, komponierte Musik, zu der D. und S. tanzten. Der Kritiker und Schriftsteller Brandenburg, der D. und J. protegierte, schrieb 1914: „Und sollte die Tanzkunst nicht gerade aus unseren mächtigsten Trieben ihre mächtigsten Vorteile ziehen?" (Köhler, 309). Wie ihr Vorbild Isadora Duncan, die in der Nackttänzerin das Ideal sah, trat D. oft nur leicht mit einem Schleier bekleidet oder aber (was Duncan nie tat) völlig nackt auf. Mit ihrem Mann gab sie Tanzunterricht auf dem Monte Verita bei Ascona, wo auch der befreundete Rudolf von Laban, der in seiner Zeit in Ascona Sekretär des O.T.O. war (vgl. 3.2.4.2.), wirkte.

2.2.6.3. Köhler, Michael: Das Aktfoto. Bucher. München. 1985

Roberts, Pam: Das Antliz der Erinnerung. Frederking u. Thaler. München. 2001

2.2.6.4. Die schöne Otéro (1868–1956)

Die hier vorgestellte Tänzerin hat nichts mit der Mystik einer St. Denis gemein. Sie war Tänzerin in den Folies-Bergères in Paris. Oscar Schmitz, obwohl sonst weiblichen Reizen gegenüber aufgeschlossen, konnte sich (1897) nicht für ihren erotischen Tanz und Gesang erwärmen (Martynkewicz, I, 67). Als Kafka und Brod 1910 zum ersten Mal in Paris waren, waren sie von der exotisch wirkenden Schönheit durchaus angetan. Carolina Otéro war die Tochter einer Zigeunerin. Die Mutter war von einem griechischen Offizier entführt und geheiratet worden. Der Vater fiel im Duell mit einem Geliebten seiner Frau. Die Mutter heiratete den Mörder von Carolinas Vater und behandelte sie herzlich schlecht. O. brannte aus einer Klosterschule mit einem Liebhaber durch. 1889 kam sie nach Paris und wurde ein Star. Sie stand ihren Verehrern, die ihre Lieblingsblume im Knopfloch trugen, gegen Entgelt zur Verfügung (Binder, 29). Kafka und Brod versuchten gar nicht erst, mit der teuren Schönen in Kontakt zu treten. Sie suchten stattdessen ein Bordell auf, wo Brod trotz gewisser Schuldgefühle seiner Prager Freundin gegenüber „zur Sache kam". Kafka aber floh zweimal. Erst nach seiner Rückkehr nach Prag soll er das Versäumte nachgeholt haben.

2.2.6.4.   Binder, Hartmut: Kafka in Paris. Langen/Müller. München. 1999

Martynkewicz, Wolfgang (Hg.): Oscar A.H. Schmitz. Tagebücher. Aufbau. Berlin. 2007

2.2.7. Kindermodelle: Fränzi und Marzella

Um 1910 erscheinen in verschiedenen Künstlergruppierungen Kindermodelle, die meist aus dem Proletariat stammen und häufig nackt und/oder in Lolita-Positionen abgebildet werden. Hier beschränke ich mich auf die „Brücke-Maler". Ein heute für das Thema Kindesmißbrauch durchweg sensibilisiertes Publikum kann ohne weiteres die Provokation empfinden, die damals wie heute in solchen Darstellungen liegt.

Das Kirchner-Gemälde „Die Artistin" (1910) zeigt beispielsweise das Kindermodell Franziska Fehrmann, „Fränzi" genannt. Der Ort ist das grüne Sofa in der „Alten Brauerei" in Moritzburg. Das neunjährige Arbeiterkind aus Dresden begleitete die Künstler der Brücke den Sommer über (mit Erlaubnis ihrer abwesenden Mutter). Sie war an den sexuellen und alkoholischen Gruppenaktivitäten beteiligt, ob nur als teilnehmende Beobachterin oder als unmittelbares Sexualobjekt, ist nicht feststellbar. Ebenfalls von Kirchner stammt ein Nacktbild von Marzella (1910). Ungeniert notiert Kirchner in sein Tagebuch, wie sehr ihn Marzella sexuell erregt, mehr als geschlechtsreife Frauen (Lorenz, 52). Kirchner freut sich auch über die zwölfjährige Freundin, welche Marzella mitbringt und hofft auch auf deren 15jährige Schwester.

In Heckels Gemälde „Kinder" ist eine nackte Fränzi zu sehen. Sie liegt auf einer Bank oder einem Sofa. Neben ihr sitzt ein schwarz angezogener Junge, dessen nicht sichtbare rechte Hand sich vermutlich zwischen den Beinen Fränzis befindet (Lorenz, 37). In seinem „Selbstbildnis mit Modell" (1910) hat Kirchner sich nur einen Morgenmantel über den nackten Leib geworfen. Der Pinsel in seiner Hand sieht aus wie ein Penis und befindet sich auch an der passenden Stelle. Im Hintergrund das Modell im Negligé. Kirchner hat sich auch – wie Picasso und Schiele – beim Koitus gezeichnet (11). Kirchner zu seiner Schaffensweise: „Oft stand ich mitten im Coitus auf, um eine Bewegung, einen Ausdruck zu notieren" (Beyme, 134).

2.2.7. Beyme, Klaus von: Das Zeitalter der Avantgarden. Beck. München. 2005

Lorenz, Ulrike (Hg.): Brücke. Taschen. Köln. 2008

2.2.8. Die Prostituierte: Josefine Mutzenbacher

Felix Salten, der Autor von „Bambi", einer Tiergeschichte, die von Walt Disney verfilmt wurde, ist auch der Autor von „Josefine Mutzenbacher. Die Lebensgeschichte einer Wienerischen Dirne von ihr selbst erzählt" (Wien 1906). Saltens Buch beruht auf intimen Kenntnissen des Prostituiertenmilieus und man muss annehmen, dass es für Josefine ein Modell gab, das Salten intim kannte. Man kann den faktengetreuen Roman als Porno lesen, aber auch als Psychogenese einer Prostituierten: J. wächst in einer Ottakringer Zinskaserne auf. Als Fünfjährige wird sie von einem Bettgeher sexuell missbraucht. (Bettgeher gab es 1910 ca. 80.000 in Wien. Hamann, 204). (Ein Bettgeher war jemand, der sich eine Wohnung nicht leisten konnte und einen Bettplatz, den er sich oft mit einer anderen Person, hier einem Kind teilen musste, mietete.) Auch von Bruder und Vater wird sie sexuell missbraucht. J. wird sexsüchtig, sie schläft mit Männern aller Art und wird Prostituierte. Natürlich thematisiert Salten die psychischen Schäden des Kindesmißbrauchs nicht, ebenso wenig wie die zerstörerischen Folgen von Kinderprostitution (die in Wien weit verbreitet war, vgl. 217) und Alkoholismus (vgl. 110). Schon Wedekind wusste, dass Prostituierte häufig sexuell missbrauchte Kinder waren – und zog daraus keine Konsequenzen für sein sexuelles Konsumverhalten.

In der klassischen Literatur der Psychoanalyse gibt es keine einzige Fallgeschichte der Behandlung einer Prostituierten. Aus eigener Erfahrung mit der psychoanalytischen Behandlung einer Prostituierten kann ich die Erkenntnis beitragen, dass meine Patientin in ihrer Kindheit (was sich später in der Übertragung auf ihren Mann wiederholte) sexuell missbraucht worden war. Die Analyse führte dazu, dass sie ihren Beruf aufgab, ein Studium absolvierte und heute einen sozialen Beruf ausübt. Der Fall beweist, dass ein Nachreifen von vorher nicht vorhandenen Über-Ich-Strukturen stattfinden kann.

2.2.8.   Hamann, a.a.O.

2.2.9.   Bertha Pappenheim (1859–1936) bekämpft die Zwangsprostitution

P., die berühmte Anna O. von Joseph Breuer, mit deren Behandlung im Grunde genommen die Geschichte der Psychoanalyse begann, ist durch die Fallgeschichte, die Breuer über sie schrieb und zusammen mit Freuds Hysterie-Fällen in den „Studien über Hysterie" herausbrachte, einem breiten Publikum so bekannt, dass ich hier nur auf ihre spätere Lebensleistung einzugehen brauche.Sie engagierte sich als Sozialarbeiterin für Zwangsprostituierte, indem sie ein „Heim für gefährdete Mädchen und uneheliche

Kinder" in Neu-Isenburg bei Darmstadt mit ihrem Privatvermögen errichtete und dort mit ihren Mitarbeitern in 25 Jahren mehr als 1500 Hilfsbedürftige betreute (Leitner, 299). Von den hier in dieser Schrift erwähnten Männern haben nur sehr wenige (z.B. S. Freud, sein Patient „der Rattenmann") mit an Sicherheit grenzender Wahrscheinlichkeit niemals Prostituierte aufgesucht. Die Liste derer, die es definitiv taten, ist sehr lang. Mir ist kein einziger Fall bekannt, auch unter denen, die das Leid von Prostituierten durchaus erkannten und beschrieben, wie Musil z.B. oder Schmitz, dass einer der ehrenwerten Herren sich am Los dieser Frauen mitschuldig fühlte, da er doch durch sein Kaufverhalten erst die Nachfrage mit schuf, die den kriminellen Organisationen, die das Gewerbe unter sich aufteilten, ihre sagenhaften Gewinne ermöglichten. Menschenhandel mit Mädchen aus dem Osten, die keine Papiere hatten und kein Deutsch sprachen und mit physischem und psychischem Zwang zum Sex gezwungen wurden, gab es damals (wie heute) in großem Stil. P. machte auf das durch die massenhafte Auswanderung nach Amerika entstandene Problem der Agunas aufmerksam. Oft setzte sich der Mann nach USA oder Argentinien ab und die zurückgelassene Frau erreichte niemals ein Scheidebrief, so dass die Hilflose weiterhin als verheiratet galt. Diesen Frauen blieb oft nur der Weg in die Prostitution. Andererseits entstand durch den enormen Männerüberschuß in

Argentinien eine ungeheure sexuelle Nachfragesituation in diesem Land. Eine jüdische Tarnorganisation („Zwi-Migdal") warb in großem Stil ehewillige arme Mädchen an, verschiffte sie in das Zielland, verheiratete sie durch einen falschen Rabbi mit einem Zuhälter und ließ sie in Bordellen anschaffen (Birkenstock, 29). P. hielt 1910 in London beim „Internationalen Kongreß zur Bekämpfung des Mädchenhandels" ein Fachreferat und verfasste 1911 eine wissenschaftliche Studie zum Menschenhandel. 1911 reiste sie nach Istanbul und erfuhr vom dortigen Oberrabiner, dass es unmöglich sei, gegen die Mädchenhändler vorzugehen, da diese die örtliche Synagoge gestiftet hätten.

Es gab auch eine religiöse Dimension des Mädchenhandels: Da es muslimischen Frauen religiös verboten war, sich zu prostituieren, füllten Jüdinnen und Christinnen die Lücken in den arabischen Ländern. Um 1910 schämte sich ein unverheirateter junger Mann keineswegs, wenn er Prostituierte aufsuchte. Er fragte sich nicht – genauso wenig wie heute – woher die Prostituierte kam und ob sie nur von materieller Not oder auch durch Anwendung von Gewalt zu ihrem Sklavendasein gezwungen wurde. Schmitz, der mit seinem Freund und Schriftstellerkollegen Franz Hessel in Paris ausgedehnte Bordelltouren unternahm, hat in seinem Tagebuch Art und Qualität der gebotenen Dienstleistung festgehalten, er hat auch eher Ungewöhnliches berichtet, etwa wenn ihm auf der Champs-Elysee eine Zwölfjährige angeboten wurde, er hat sich durchaus darüber Gedanken gemacht, wie man eine echte Kokotte von einer Semiprofessionellen unterscheiden könnte, aber er hat niemals über Kindesmißbrauch, psychische Beschädigung, Herabwürdigung der Frau zur Ware oder über die Möglichkeit der Zwangsprostitution nachgedacht, sofern er überhaupt in der Lage gewesen wäre, diesen Begriff nachzuvollziehen, nicht weil er nicht intelligent genug war – er war sehr gescheit! -, sondern weil er das Phänomen wohl gar nicht „sehen" konnte. Vermutlich ging es Michel Friedman, als er 2003 beim Drogensex mit Zwangsprostituierten erwischt wurde, ähnlich. Da ihm seine Freundin verzieh, moderiert er weiter.

Bertha P. lebte zölibatär. Die Gründerin der Hilfsorganisation Solwodi, Lea Ackermann, heute ebenfalls. Es stimmt nachdenklich, dass sich bis heute an der Situation nichts geändert hat, aber auch, dass es immer noch in erster Linie asexuell lebende Menschen sein müssen, die als einsame Rufer in der Wüste das scheinbar Unabänderliche anprangern.

2.2.9. Ackermann, Lea: Verkauft, versklavt, zum Sex gezwungen. Kösel. München. 2005

Birkenstock, Arne: Tango. DTV. München. [2]2003

Leitner, a.a.O.

2.2.10. Egon Schiele (1890–1918) – der Prototyp des poly-morph-perversen Künstlers

Auch wenn die zahlreichen Schiele-Verehrer es gerne übersehen: der bisexuelle Schiele hatte mit an Sicherheit grenzender Wahrscheinlichkeit nicht nur mit minderjährigen Jugendlichen, sondern auch mit Kindern sexuellen Verkehr. Er hat von seinem Lehrmeister Klimt, der ihm auch Wally Neuziel zum doppelten Gebrauch als Sexualobjekt und Modell überließ (wobei leider die 'Komplikation' auftrat, dass Wally sich in S. verliebte), die Gepflogenheit übernommen, seine Modelle nicht nur in allen möglichen obszönen Stellungen und bei allen möglichen sexuellen Verrichtungen malerisch und zeichnerisch abzubilden, sondern auch mit ihnen alle Arten von Sex zu haben.

Krumau musste er nicht deshalb verlassen, wie oft beschönigend behauptet wird, weil er in „wilder Ehe" mit der damals noch minderjährigen Neuziel lebte, sondern vielmehr, weil seine sonstigen Modelle oft noch Kinder waren. S.s Umgang mit seinen „Objekten" war durchweg missbräuchlich. 1910 verschaffte sich S. über einen befreundeten Gynäkologen (Erwin von Graff) Zugang zu einer Frauenklinik, wo er nackte Schwangere in obszönen Posen zeichnete und malte (Natter, 213ff.). Im Gegensatz zu heute war Schwangerschaft durchaus noch sexualisiert, wie die Reaktion auf Nacktdarstellungen von Schwangeren – auch ohne gespreizte

Beine – zeigt, die Gemälde von Klimt oder Modersohn-Becker hervorriefen.

S. im weißen Kittel, getarnt als Arzt, der anatomische Skizzen macht – das hat durchaus Ähnlichkeit mit dem Verhalten von Viktor Tausk, der seine wirkliche Arztrolle u. a. dazu missbrauchte, um die sexuelle Reaktionsfähigkeit junger Frauen zu „prüfen" ,indem er ihnen einen galvanischen Stab in die Vagina einführte (Eissler, 73). Neuziel war durch ihre masochistisch-unterwürfige, alles erduldende Persönlichkeit eine geeignete Partnerin für den Sadisten, da sie bereit war, alles zu ertragen. Er hatte vielleicht eine Schwesterübertragung auf sie. Sie war genauso alt wie seine jüngere Schwester Gerti, mit der er ohne Begleitung 1907 nach Tirol reiste, die er nackt malte und mit der er nach Meinung des Biografen auch Sex hatte. Das wäre dann eine Parallele zu Trakl, der allerdings, im Gegensatz zu Schiele, zu Schuldgefühlen fähig war. Er benutzte Wally als „Türöffner", um die Bekanntschaft von Edith Harms zu machen, die standesgemäßer war als diese. Als Edith klare Verhältnisse forderte, ließ er Wally offiziell fallen, gab ihr aber in einem geheimen „Zusatzprotokoll" die schriftliche Zusicherung eines jährlichen gemeinsamen Sommerurlaubs. Wally lehnte dann doch ab. Sie starb 1917 in Dalmatien als Krankenschwester im Kriegseinsatz (N., 166).

Jeder Laie kann erkennen, dass neben pubertierenden auch vor-pubertäre Kinder von S. in pornographischer Weise gezeichnet und gemalt wurden, gelegentlich hat er sich auch als Beischläfer eines Kindes selbst dargestellt. Das ist nach heutigen – und dama-ligen – Maßstäben Kinderpornographie. In Neulengbach, wohin der aus Krumau Vertriebene geflohen war, wurde S. 1912 wegen Entführung und sexuellen Missbrauchs einer 14-jährigen verhaf-tet. Das ihm zur Last gelegte Verbrechen konnte ihm nicht nach-gewiesen werden. Wegen „Verbreitung unsittlicher Zeichnungen" wurde er zu drei Tagen Arrest verurteilt. In der Gefängniszelle schrieb er den larmoyanten Satz: „den Künstler hemmen ist ein Verbrechen, es heißt keimendes Leben morden" (Fischer, 7). Der Gedanke, dass er durch sexuellen Missbrauch selbst keimendes Leben gemordet haben könnte, lag ihm fern. Die Argumentation ist typisch für einen extremen Narzissten, hat aber ein Vorbild in Nietzsche, der dem Übermenschen das große Verbrechen als notwendige Leistung des Fortschritts zugesteht. S.s Charakter war so abstoßend für seinen ihm nach dem Tod des Vaters (der psy-chisch erkrankt mit 52 Jahren gestorben war) als Vormund be-stimmten Onkel, dass dieser seine Funktion 1911, tief enttäuscht von seinem Schützling, aufkündigte (11).

In Schieles Werk gibt es einerseits einen stark antiklerialen Im-puls, andererseits aber auch, wie ich im folgenden Kapitel darstellen werde, einen theosophischen Einfluß. Das Gemälde „Kardinal und Nonne" (1912), das kompositorisch dem „Kuß" (1907) von Klimt nachempfunden ist, zeigt einen erregten Kardinal und eine erregte und zugleich erschreckte Nonne, die wie ertappt auf den Betrachter schaut, beim Vorspiel zum Geschlechtsakt (Natter, 169). Der Kopf des Kardinals ist als Eichel eines riesigen Phallus angedeutet, seine Schultern als Hodensack. Pornofotos mit Priestern und Nonnen erregten natürlich in der klerikal geprägten Kultur Anstoß, im Gegensatz zu heute, wo mit der Macht der Kirche auch ihre pornografische Verhöhnung verschwunden ist. Der Klosterschüler S. konnte auch mit seinem Aquarell „Die rote Hostie" (1911) die moralischen Autoritäten seiner frühen Jugend verspotten. Titelgegenstand ist ein riesiger Phallus, den eine nackte Frau mit beiden Händen umfasst und an den ihr Kopf gelehnt ist. Der Phallus ist der eines Mannes, der S. gleicht und der in ein rotes priesterliches Gewand gekleidet ist. S. hat sich selbst oftmals in seinem Werk mit seiner Triebhaftigkeit konfrontiert. Er hat sich als Masturbierenden gemalt. Manche halten das Gemälde eines Mannes mit riesigem roten Phallus für ein Selbstporträt, andere sehen darauf den Intimfreund Oppenheimer dargestellt (vgl. nächstes Kapitel).

Auch das Thema des Narzissmus, das Freud 1914 in die Psychologie einführte – der von Näcke geprägte Begriff bezeichnete

ursprünglich die Perversion, den eigenen Körper zum Sexualobjekt zu nehmen – ist bei S. in zahlreichen Selbstdarstellungen –
auch mit Spiegeln –vertreten.

S. war nicht wie Altenberg ein echter Pädophiler, er war poly-
morph-pervers. Zeitgleich verkehrte er mit seiner Frau Edith und
deren Schwester Adele. Beide Frauen standen ihm z.B. in Mas-
turbationsszenen Modell (Fischer, 78). 1918 gelang S. auf der 49.
Ausstellung der Wiener Sezession der künstlerische und ökono-
mische Durchbruch. Im Herbst erkrankte Edith Schiele an der
Spanischen Grippe, der 1,6 Millionen Menschen zum Opfer fie-
len, darunter Freuds Tochter Sophie. S. folgte seiner Frau drei
Tage später nach.

2.2.10.   Eissler, Kurt: Talent and Genius. Quadrangle. New York. 1971
           Fischer, Wolfgang: Schiele. Taschen. Köln. 1998
           Natter, Tobias (Hg): Die nackte Wahrheit. Prestel. München. 2005

2.2.11. Der homosexuelle Künstler mit mystischen Themen: Max Oppenheimer (1885–1954)

Der Maler stellte erstmals 1907 in der Gruppe OSMA in Prag
aus. Max Brod schrieb 1907 über diese Gruppe, zu der auch Vitus
Novak, Max Horb und Friedrich Feigl gehörten, einen begeister-
ten Artikel mit dem Titel „Frühling in Prag". Oppenheimer port-

rätierte 1907 Heinrich Mann und wurde dessen Freund. In der Kunstschau 1908 in Wien stellte er neben Klimt, Kupka, Hoelzel und Kokoschka aus. Wie Kokoschka war Oppenheimer ein Meister des psychologischen Portraits. Er malte die Wiener geistige, musikalische und künstlerische Avantgarde: Karl Kraus, Peter Altenberg, Adolf Loos, Stefan Zweig, Anton Webern, Arnold Schönberg, Egon Schiele, Richard Strauss, Franz Blei, Arthur Schnitzler u.v.a.

Im Spätherbst 1909 lernte er Sigmund Freud kennen, dessen repräsentatives Porträt er malte. Paul Federn, Schüler und Freund Freuds hatte das Werk in Auftrag gegeben, um es Freuds ältester Tochter zu ihrer Verehelichung zu schenken (von Puttkamer, 217). Dieser gefiel das Bild nicht, da ihr Vater ohne Vollbart, nur mit Schnurrbart dargestellt war. Federn nahm es zurück und schenkte es dem Psychoanalytischen Institut in New York. Vermutlich fanden Freuds Theorien in Oppenheimers wie auch seines damaligen Freundes Kokoschkas Werk ihren Niederschlag, vor allem in dem Versuch, das Verborgene in der Seele der Porträtierten darzustellen. Schiele und Oppenheimer arbeiteten zeitweilig im selben Atelier und hatten wohl auch eine Intimbeziehung miteinander. Schiele malte den homosexuellen Freund als narzisstische, exzentrische Persönlichkeit und bildete ihn auch in pornographischer Weise ab (47). Alle drei Maler waren von

Sexualität besessen. Sie hatten aber, interessant genug, auch alle drei eine Neigung und Berührungspunkte mit manchen Ideen der Theosophie, die sie wahrscheinlich über Steiners einflussreiches Werk „Theosophie" kannten. Sie malten alle drei ihre Porträts so, dass eine Aura von Licht die Körperumrisse umgibt. Schiele spricht wörtlich von den „Schwingungen meines astralen Lichtes" (40). Wie Schiele wurde O. von Arthur Roessler gefördert, der sich allerdings über dessen niedrigen Charakter beschwerte.

Die berühmte Galerie Thannhauser in München zeigte auf Roesslers Vermittlung hin Bilder von O. (1911). In München malte O. auch Carl Sternheim und Karl Wolfskehl. Im selben Jahr wurde er Mitglied der nur kurz bestehenden Gruppe „Sema", der auch Schiele, Kubin und Klee angehörten. Kokoschka war über Oppenheimers Erfolg erbost. „Kokoschka duldete keine Götter neben sich" (59). Er beschuldigte O. öffentlich des Plagiats. Er, K., habe das psychologische Porträt erfunden, O. sei nur Epigone. Walden und Lasker-Schüler standen ihrem Schützling mit heftigen Angriffen gegen O. bei: „Sie sind, nehme ich an, in Kokoschka verliebt und Ihre Bilder sind abgepflückte Werke, darum fehlt Ihnen die Wurzel" (60) schrieb die Dichterin im „Sturm", damit auch O.s Homosexualität ins Spiel bringend. Sie forderte sogar Cassirer auf, der in Berlin Oppenheimer ausstellen wollte, die Ausstellung abzusagen! Auch Karl Kraus wütete in der

Fackel, von Walden instruiert, gegen O. Nur Ferdinand Hardekopf setzte sich 1912 für ihn ein. Dass es wechselseitige Einflüs-
se zwischen den Malern gab, ist unbestritten. Aber es ist durchaus
zweifelhaft, wer Priorität für sich beanspruchen kann! Kokoschkas frühe Porträts wurden mit Absicht vordatiert, um ihm den
Sieg im Prioritätsstreit zu sichern (65). Kokoschka hatte schließlich auch Schiele beschuldigt, sich in sein Atelier geschlichen zu
haben, um ihm den „Strich" zu stehlen (Fischer, 28).

O. ging 1912 nach Berlin, wo er im Café des Westens verkehrte.
Dort trafen sich die Dichter Kurt Hiller, Jacob von Hoddis und
Georg Heym, aber auch Walden, Lasker-Schüler, Döblin und
Carl Einstein sowie Erich Mühsam, Ferdinand Hardekopf, Rene
Schickele. Das mit Gemälden Klimts und Einrichtungsgegenstän-
den der Wiener Werkstätten ausgestattete „Café Größenwahn"
war auch die Gründungsstätte von Franz Pfemferts linker Zeit-
schrift „Die Aktion", an der O. und Schiele illustratorisch mit-
wirkten. Auch Holzschnitte von Schmitt-Rotluff zierten das Blatt.
Auf einem Revolutionsball 1913 wurde jeder erscheinende
Kunstrichter theatralisch unters Schafott gelegt. O. zog mit Ludwig Meidner durch die Kneipen. In der Galerie Thannhauser hatte
O. die Delaunays gesehen und wandte 1912 in seinem Bildnis
„Tilla Durieux" (Schauspielerin und Frau von Paul Cassirer) die
kubistische Formensprache in der astralen Aura der Dargestellten

an (P., 74). In den Jahren 1910 und 1911 entstanden Bildnisse mit religiösen Themen, die auf eine längere Tradition zurückgreifen. Gauguin hatte sich als Christus am Ölberg gemalt (1889). Ensor zeichnete sich als Christus am Kreuz. Ein Kritiker stößt ihm die Lanze in die Seite. Auch Munch malte sich 1906 als Gekreuzigter. Munch kommentiert: „Sie kreuzigen den, der neue Werte auf neue Tafeln schreibt" (F. Nietzsche). Zugleich soll der Künstler auch Wegweiser zu Höherem sein wie Kasimir Edschmid 1918 schreibt: „Aber die Menschheit weiß noch nicht, dass die Kunst nur eine Etappe ist zu Gott" (81f.). Wie vor ihm Kokoschka stellt auch O. sich 1911 als Schmerzensmann mit Herzwunde dar. Er versteht sich als zweiter Christus, als Ausgestoßener der Gesellschaft, der er doch höhere Werte bringen will. O. blieb im Gegensatz zu Vater und Bruder, die katholisch wurden, Jude. Er malte sich auch als Simson, der durch sein Selbstopfer sein Volk rettet und die Philister vernichtet (Abb. 79).

In dem Gemälde „Kreuzabnahme" von 1910 gehen mystische Verklärung und sexueller Masochismus eine Synthese ein: über dem nackten Leichnam mit weit gespreizten Beinen, der die Gesichtszüge O.s trägt, schwebt von astralen Händen gehalten eine Dornenkrone in Offenbarungslicht (Abb. 85). Um ihn herum stehen trauernd Karl Kraus, Peter Altenberg, der Sammler Dr. Reichel, Heinrich Mann und Adolf Loos. Gestützt ist der Leichnam auf Maria, die sein Blut mit der Hand auffängt. Rechts außen steht abgesondert Schiele als Hoherpriester der Kunst. Kokoschka ist nach unten verbannt. Auch Schiele hat sich als Märtyrer der Kunst empfunden und in seinen Selbstbildnissen „Lyriker" (1911) und „Selbstbildnis als Akt" (1912) sich als leidender Christus dargestellt. 1915 porträtierte er sich als „Heiliger Sebastian" (90). Es gibt in all diesen Selbstdarstellungen einen Schrei nach Erlösung. In den Bildern „Pietà" (1911), „Himmelfahrt" (1911) wird, ähnlich wie bei O.s Vorbild El Greco, eine mystische Verklärung des Geschehens dargestellt. Interpreten sprechen von „metaphysischem Licht", von einem „neuen Transzendentalismus" (92).

Wilhelm Hauzenstein, der 1912 die Ausstellung O.s in München deutete, spricht zu Recht von einer Suche nach „Erfüllung des Unendlichen und Unbegreiflichen" (94). Das Gemälde „Geißelung" von 1913 zeigt sowohl sexuelle als auch religiöse Ekstase, eine Art mystischen Masochismus (Abb. 13): Schöne nackte Jünglinge peitschen einen in ekstatischer Verzückung befindlichen Christus. Es ist eher eine sadomasochistische homosexuelle Orgie, denn ein biblisches Bild. Da der thematische Schwerpunkt dieser Arbeit um 1910 liegt, verzichte ich auf eine Darstellung des weiteren Werdegangs diese zu Unrecht heute kaum bekannten Malers, der 1954 in New York starb.

2.2.11. Puttkamer, Marie-Agnes: Max Oppenheimer (1885–1954). Böhlau. Wien. 1999

2.2.12. Geschwister-Inzest: Grete (1891–1917) und Georg Trakl (1887–1914)

T.s Mutter war „nervenkrank" und „Opiumesserin" (Weichselbaum, 28). Der Sohn hasste die Mutter so sehr, „dass er sie mit eigenen Händen hätte ermorden können" (28). Im Werk ist die Mutter immer mit Kälte assoziiert. Das böse Mutter-Introjekt geistert durch T.s Dichtung. T. war schon als Kind extrem scheu und introvertiert. Als Fünfjähriger versuchte er sich zu ertränken (II, 729). Von Kindheit an litt er an Gesichtshalluzinationen, die bis zum 12. Lebensjahr anhielten. In seinen letzten 3 Lebensjahren hatte T. sowohl optische als auch akustische Halluzinationen, hier allerdings vielleicht im Rahmen einer drogeninduzierten Psychose. T. hielt seinen Vater – ein Eisenwarenhändler – nicht für seinen wirklichen Vater, er glaubte von einem Kardinal abzustammen, der es heimlich mit der (protestantischen) Mutter getrieben habe (II, 730). Bis zu seinem 20. Jahr habe T „überhaupt nichts von seiner Umgebung bemerkt (...) außer dem Wasser" (36), das ihn magisch anzog (die Salzach in Salzburg). Zum Ent-

setzen der Lehrer verehrte er Nietzsche und Ibsen sowie Dosto-
jewski, über dessen unschuldige Prostituierte Sonja er ein Gedicht
schrieb (I, 105). Der suizidale Schulversager brach die Schule ab
und nahm Zuflucht bei Drogen aller Art (Chloroform, Alkohol,
Kokain, Veronal). Im Bordell fasste er eine platonische Neigung
zu einer älteren Prostituierten. Seine Schwester Gretl, die ihn ver-
götterte und die er idealisierte, verleitete er zum Drogenkonsum,
von dem sie nie mehr loskam und verführte sie zum Geschlechtsverkehr. Es kann nach den Nachforschungen Spoerris und Basils
als gesichert gelten, dass Bruder und Schwester Inzest begingen.

Die Schwester hat es T.s Gönner, dem Literaten Ludwig von
Ficker nach T.s Tod gestanden (W., 59). T. hat die „Blutschuld",
die ihn nach einer Latenzzeit in seinen letzten Lebensjahren sehr
quälte, dichterisch vielfach verarbreitet. Die Gestalt der Schwester kommt in T.s Werk 60 Mal vor. Der Geschwisterinzest war
ein literarisch durchaus häufig verarbeitetes Thema. Ich nenne
nur Musils „Mann ohne Eigenschaften", T. Manns „Wälsun-
genblut". Nach Freud bezogen sich die inzestuösen Impulse junger Männer meist auf die Mutter und/oder die Schwester (1912,
G.W. IV, 24). Aber natürlich blieben diese Impulse bei den Neurotikern normalerweise ins Unbewußte verdrängt erhalten, während die Perversen allein sie offen auslebten. Dennoch waren
subtilere Formen von sexuellen Handlungen zwischen Geschwis-

tern, wie die Analyse des „Rattenmann" zeigt, sehr häufig und Inzest nicht selten (G.W., IX, 148). Auch die Oper, z.b. „Elektra" von Richard Strauss, Libretto von Hofmannsthal stellte direkt und unverhüllt eine inzestuöse Bruder-Schwester-Beziehung dar. Bei T. hatte der Inzest mit der Schwester den Hintergrund, dass er aufgrund seines „schizophrenen Autismus" völlig unfähig war, eine „fremde" Frau zu erobern. Er musste auf die Schwester, die sein narzisstisches Selbstobjekt war, zurückgreifen.

1908 zog T. nach Wien, um Pharmazie zu studieren und den Wehrdienst abzuleisten. T. erlebte die Stadt als Anreizung seiner „animalischen Triebe", die er mit Teufeln verglich (I, 472). T. war so autistisch, dass er niemandem ins Gesicht sehen konnte, nicht telefonieren konnte, im Zug immer auf dem Gang sich aufhalten musste (W., 75). Von einem Freund animiert, nahm T. in Wien an der Premiere von „Tristan und Isolde" unter dem Dirigat von Gustav Mahler teil. Es berührt merkwürdig, dass auf einem Stehplatz auch der an der Aufnahmeprüfung der Kunstakademie (die Schiele bestanden hatte) gescheiterte Postkartenmaler Adolf Hitler anwesend war. T. sah Kokoschkas Stück „Mörder, Hoffnung der Frauen" und reagierte aggressiv-ablehnend (77). Später lernte er K. persönlich kennen und malte ein Selbstporträt, das den Einfluß von K.s Stil erkennen lässt. T.s Freund Buschbeck wurde Bahrs Trauzeuge, der die Sängerin Mildenberg heiratete, die das Modell zu Klimts „Judith" abgab. Bahr brachte 3 Gedichte T.s heraus. 1910 starb T.s Vater. T. ließ keine emotionale Reaktion erkennen. Das Gedicht, das er über den Tod des Vaters schrieb, bezeichnet sein Herz als „fühllos" (I, 262).

Zurück in Salzburg arbeitete T. als Praktikant in einer Apotheke. Die Schwester Gretl, die in Berlin lebte, heiratete einen 34 Jahre älteren Mann, von dem sie finanziell abhängig war. 1912 veröffentlichte von Ficker erstmals ein Gedicht T.s im „Brenner". Es folgten 64 Gedichte nach. T. wurde zum bekennenden Christen. Es war dies eine Sühneleistung für den Inzest. T. lernte Kraus kennen, der ihn als zu früh Geborenen, der in den Mutterleib zurückwolle, bezeichnete. T. fühlte sich tief verstanden (I, 492). Angebotene Stellen trat er an, um sie kurz darauf fluchtartig abzubrechen. Sein Freund Heinrich schrieb einen Roman, der einen gedanklichen Geschwister-Inzest schildert. T. fühlte sich verstanden und bedankte sich mit dem Gedicht „Untergang". Der erschütterte Heinrich versuchte sich daraufhin umzubringen, hatte aber nur eine Nahtodeserfahrung, die er literarisch darstellte (135).

T. selbst zieh sich der Liebesunfähigkeit: „allzu viel Härte, Hochmut und allerlei Verbrechertum – das bin ich" (140). Er sehnte sich nach dem Tod, der Befreiung der Seele aus dem Gefängnis des Körpers, dieser „Spottgestalt aus Kot und Fäulnis"

(140). Nach einer Venedig-Reise mit Loos (1913) schrieb T. „Sebastian im Traum" und wurde drei Nächte lang von Suizidimpulsen verfolgt (148). In der Prosadichtung „Traum und Umnachtung" schilderte er noch einmal den sexuellen Missbrauch der Schwester. „Wollust, da er im grünenden Sommergarten dem schweigenden Kind Gewalt tat, in dem strahlenden sein umnachtetes Antlitz erkannte" (I,148).

T. sehnte sich nach einem Gewitter, das ihn reinigen und zerstören würde (I, 532). Bei einem Besuch der Schwester, die eine Fehlgeburt erlitten hatte, in Berlin lernte er Lasker-Schüler kennen, die nach seinem Tod drei Gedichte auf ihn schrieb: „Wir stritten über Religion" (1915).

Der nun ständig unter Drogen stehende T. war schwer depressiv. Bei Kriegsbeginn 1914 meldete er sich freiwillig – wieder wie Ulrich in Musils Roman, dessen Inzest-Beziehung mit der Schwester gescheitert ist -, um den Tod zu suchen. Auf dem Bahnhof steckte er Ficker einen Zettel zu: „Erwachend fühlst du die Bitternis der Welt; darin ist alle deine ungelöste Schuld; dein Gedicht eine unvollkommene Sühne" (I, 463).

Auf Fickers fragenden Blick hin sagte T.: „Aber freilich, kein Gedicht kann Sühne sein für eine Schuld." Am Ende seines Lebens kam T. zu der wahrhaften tiefen Einsicht: „Alle Menschen sind der Liebe wert" (I, 463). Seine Depression war – wie bei Jawlensky – eine Schulddepression, die vom Über-Ich verhängte Strafe für den Inzest und die Zerstörung der Schwester durch Drogen. Nur der Tod, kein Gedicht, konnte das sühnen. Man hat oft behauptet, T. hätte sich umgebracht, weil er als Sanitäter, hilflos, das Grauen der Verwundeten nicht ertrug. Aber das war es nicht. Schon vorher wollte er, wie von Sinnen, an die Front, um zu sterben. Er musste von 6 Männern entwaffnet werden (W., 169). Als Sanitäter bei der Schlacht von Grodek wollte er sich erschießen. Man nahm ihm die Waffe weg. Weil man ihn für verrückt hielt, brachte man ihn nach Krakau zur Beobachtung. Ficker besuchte ihn dort. T. las ihm das Günther-Gedicht „Bußgedanken" vor, dessen letzter Satz lautet: „Oft ist ein guter Tod der beste Lebenslauf" (176). T. beging Selbstmord durch eine Überdosis Kokain. 1917 erschoß sich Gretl.

2.2.12. Killy, Walter (Hg.): Georg Trakl. Dichtungen und Briefe. Historisch-kritische Ausgabe in zwei Bänden (I./II). Otto Müller. Salzburg. 2. Auflage 1987

Weichselbaum, Hans: Georg Trakl. Otto Müller. Salzburg. 1994

2.2.13. Die lesbische Intellektuellen-Szene der „Left-Bank" in Paris

Das linke Seine-Ufer wurde zur bevorzugten Ansiedlung reicher Amerikanerinnen, die in Paris das wilde lesbische Leben suchten. Natalie Clifford Barney, sehr reiche Erbin, verführte 1899 im Alter von 22 Jahren Liane de Pongy, die berühmte Kurtisane. Die Affaire ist in P.s Roman „Idylle saphique" (1901) nachzulesen. B. schrieb lesbische Lyrik. Die überaus schöne und selbstbewusste B. hatte viele kurzfristige Liebschaften, aber eine langfristige mit Romaine Brooks, die eine sehr traumatische Kindheit hatte. Sie war von ihrer Mutter gequält worden, war kurzfristig mit einem Homosexuellen verheiratet, hatte ein ungewollt empfangenes Kind zur Adoption freigegeben. Ihre erste und einzige Ausstellung als Malerin hatte sie 1910 (Weiss, 97). Br. malte Cocteau, der wie Pound und Rilke Gast in B.s Salon war. B. hatte auch eine Affaire mit Colette, die mit lesbischen Szenen im Moulin Rouge auftrat (1906), später Erfolgsromane schrieb und in die Ehrenlegion aufgenommen wurde. B. war auch mit der Kunstsammlerin und Schriftstellerin Gertrude Stein befreundet (Portrait Picasso), die mit ihrer Lebensgefährtin Alice B. Toklas zusammenlebte. Stein beschreibt in der „Autobiographie der A.B.T." aus der fiktiven Sicht ihrer Geliebten die zahlreichen Berühmtheiten, denen sie begegneten. Zu diesen zählt auch der wegen seiner

Prozeßphilosophie außerordentlich interessante A.N. Whitehead (236). Stein hasste Margaret Anderson, die dieses Gefühl erwiderte, sie sehnte sich aber, vergeblich, nach Jane Heap, der Lebensgefährtin der Anderson.

A. gründete 1914 in Chicago die „Little Review", die der Avantgarde ein Forum gab. Zusammen mit H. gründete sie in Paris einen Ableger der Zeitung, der von Pound kontrolliert wurde. In der Zeitschrift erschien zwischen 1918 und 1920 der „Ulysses" in Fortsetzungsgeschichten, bis dies durch die Zensur in Amerika verboten wurde. 1923 zogen A. und H. fest nach Paris. Beide Frauen wurden Jüngerinnen von Gurdjeff, dem sich bereits Thomas und Olga von Hartmann vom „Blauen Reiter" angeschlossen hatten und lebten mit G. auf seinem Schloß in Fontainbleau, wo er 1922 seine religiöse Gemeinschaft gegründet hatte.

Auch Solita Solitano, die 1918 die Geliebte von Janet Flanner geworden war, wurde Jüngerin des Gurus, Tänzers und Heilers. Flanner selbst war zu sehr kritische Realistin, als dass sie sich mit Esoterik hätte einlassen wollen. Sie war Journalistin (A. 154) und ständiger Gast sowohl in Barneys als auch Steins Salon. Für den „New Yorker" schrieb sie jahrzehntelang den „Letter from Paris", in dem sie Kulturinformationen verbreitete. Sie war eine verheiratete Frau, als sie sich in Solitano verliebte. Diese war ihrem Mann davongelaufen und arbeitete als Kritikerin. Die beiden lebten von 1922 – 1939 zusammen. F. förderte auch die Fotografin Berenice Abbott, die wie Lee Miller eine Schülerin des Surrealisten Man Ray war.

Djuna Barnes, 1892 in New York geboren, wuchs in einer Familie auf, in der sowohl ihre Großmutter (!) als auch ihr Vater sich sexuell missbräuchlich ihr gegenüber verhielten. Der Vater versuchte sie als Jugendliche zu penetrieren, scheiterte aber an ihrer Gegenwehr, lieferte sie aber als 17jährige erfolgreich dem Bruder seiner Geliebten aus. Die Romane der Barnes („Ryder", „Nightwood", „Antiphon") und das frühe Drama „Dove" sind literarische Verarbeitungen ihrer traumatischen Kindheit. 1919 kam B. nach Paris, wo sie zunächst eine kurze Beziehung mit Barney hatte, bevor sie eine lange, höchst qualvolle Beziehung mit der jungen und schönen Thelma Wood einging. B. begegnete James Joyce, der ihr ein Manuskript des „Ulysses" schenkte, das B. später verkaufte, um unter anderem Elsa Plötz zu unterstützen. B. war von Alkohol und Drogen abhängig und musste in ihren letzten Lebensjahren die finanzielle Hilfe von Barney und Guggenheim annehmen.

Hilda Doolittle war ab 1916 in London als Redakteurin des „Egoist" tätig. Sie arbeitete auch für die Filmzeitschrift „Close-Up", die von Bryher herausgegeben wurde. D. war mit Stein und

Beach befreundet. 1901 hatte sich D. mit Pound (sie war gerade 16!) verlobt. 1913 heiratete sie Aldington, blieb aber befreundet mit Pound. Eine schwierige Dreieckssituation war die Folge, als D. sich in Bryher verliebte. B. war zum Schein mit McAlmon verheiratet (sie blieb physisch Jungfrau), ließ sich scheiden und heiratete McPherson (den Geliebten von H.D.), der später viele Jahre mit Norman Douglas auf Capri lebte. McPherson produzierte den Experimentalfilm „Borderline" (1930), in dem D., B. und Paul Robeson auftreten (189). H.D. machte eine Analyse bei Freud (1933/34) und schrieb darüber ein Buch. Auch Bryher unterzog sich einer Analyse bei Hanss Sachs (1928-1932).

2.2.13.   Schröter, Michael (Hg.): H.D. Huldigung an Freud. Ullstein. Frankfurt/M. 1975

Weiss, Andrea: Paris war eine Frau. Rowohlt. Reinbek. 2006

2.2.14. Bloomsbury und Virginia Woolf

Eine der interessantesten Erscheinungen der Avantgarde in England ist die Bloomsbury-Group (Todd), ein Freundeskreis von Intellektuellen, Schriftstellern und Malern um Virginia und Leonard Woolf, zu dem auch die Psychoanalytikerin Alix Strachey (1892-1973) und ihr Mann James Strachey zählten. Letzterer übersetzte Freuds „Gesammelte Werke" ins Englische und die Woolfs wurden zu den ersten englischen Verlegern der Werke von S. Freud (Hogarth Press in Richmond). Zur Gruppe gehörte auch Aldous Huxley (1894–1963), der ein mystischer Sinn-Sucher war und durch Mescalin seine „Pforten der Wahrnehmung" zu öffnen suchte. Gegenüber Daisetz Suzuki bekannte er, er gäbe alles darum, nur einmal Erleuchtung zu erfahren. In die Bloomsbury-Gruppe wirkte auch Diaghilew hinein, als er zwischen 1911 und 1921 sein Ballett nach London brachte. Seine Primaballerina Lopokowa heiratete 1925 den Volkswirtschaftler J.M. Keynes (1883–1946), dessen Theorie Obamas Konjunkturprogrammen heute noch zugrunde liegt. D.H. Lawrence, der Autor des Skandalromans „Lady Chatterley's Lover" (1928), für den ihm seine Frau Frieda von Richthofen als Modell diente, war bei den Woolfs ein häufiger Gast. Die Story: Die vitale Ehefrau Connie des impotenten Rollstuhlfahrers Clifford verliebt sich in den Naturburschen und Wildhüter Oliver und findet im sexuellen Akt mit ihm die seelisch-körperliche-ekstatische Befreiung. Ein Kind wird so gezeugt. Die sexuell erfüllte ehebrecherische Liebe ist für Lawrence die wahre Liebesehe, die die kastrierte Ehebeziehung als nichtig erweist. Eng mit dem Ehepaar Lawrence befreundet war Katherine Mansfield (1888–1923), die zeitweilig zusammen mit ihrem Mann J. M. Murray in einer Kommune mit dem Ehepaar Lawrence lebte (in Zennor in Cornwall). Virginia W. bewunderte Mansfield und beneidete sie. Dora Carington, eine Malerin, zog mit dem Bruder von James, Lytton Strachey, der wiederum in ihren Mann R. Partridge verliebt war, zusammen. Sie suizidierte sich nach dem Tod von Lytton 1932. Lytton hatte 1909 erfolgreich Virgina einen Heiratsantrag gemacht, den er aber am folgenden Tag zurückgezogen hatte. Eng mit Dora befreundet war David Garnett (1892–1981), ein bisexueller Schriftsteller, der ab 1915 der Sexualpartner von Duncan Grant war, zugleich aber mit Vanessa Bell (1879–1961), der älteren verheirateten Schwester von Virginia zusammenlebte in einer ménage à trois. Er heiratete später die Tochter von Duncan und Vanessa, bei deren Geburt er schon dabei gewesen war. Das war natürlich psychologischer Inzest in Potenz. Duncan Grant (1885–1978) war ein begabter Maler und der von fast allen begehrte androgyne Mittelpunkt der Bloomsbury-Group. In ihn verliebt waren Lytton Strachey, Maynard Keynes, Adrian Stephen, David Garnett und - wie schon gesagt - Vanessa Bell. Adrian, der jüngere Bruder Virginias (1883–1948) heiratete 1914 Karin Costelloe . Beide waren Psychoanalytiker. Der älteste Bruder Thoby (1880–1906), von Woolf besonders geliebt, starb früh an Typhus. Der spätere Ehemann von W., Leonard (1880–1969) war ein Freund Thobys. Er ging als britischer Beamter nach Colombo, verliebte sich auf Heimaturlaub in W., gab ihretwegen den Staatsdienst auf, heiratete W., gründete die Hogarth Press, war selbst Schriftsteller und stabilisierte 29 Ehejahre lang den labilen, psychischen Zustand seiner Frau, die sich nach Beendigung ihres Romans „Between the Acts" im Fluß Ouse ertränkte. W., deren Rang als eine der größten Autorinnen des 20. Jahrhunderts unbestritten ist, führte ihre schwere psychische Störung selbst auf einen sexuellen Missbrauch zurück, den sie als Kind und Jugendliche durch ihren älteren Halbbruder Herbert Duckworth (1818–1934) erlitten hatte.

W. war ab 1925 sehr eng mit „Vita" Sackville-West (1892–1962) befreundet, welche sie heftig liebte. Vita inspirierte W. zu ihrem berühmten Roman „Orlando" (1928). Der phantastische Roman schildert das Leben Orlandos, eines Zeit-Reisenden, der sich vom Mann zur Frau wandelt. Obwohl W. selbst den erlittenen sexuellen Missbrauch zur Ursache insbesondere ihrer sexuellen Störung erklärte, so ist doch diese Sichtweise sicherlich zu eng. W. hat 1895 im Alter von 13 Jahren den Tod ihrer 40jährigen Mutter erleben müssen und erlitt dabei ihren ersten psychischen Zusammenbruch. Ihr Vater starb, als sie 22 war und kurze Zeit darauf dekompensierte sie das 2. Mal. Dann verlor sie 1906 ihren Bruder Thoby, dessen Tod sie monatelang verleugnete, bevor sie zusammenbrach. 1912 heiratete sie Leonard. 1925 dekompensierte W. erneut nach Erscheinen von „Mrs. Dalloway". In diesen epochemachenden Roman ist ihre Kenntnis der Psychoanalyse Freuds eingeflossen. Technisch benutzt sie den „Bewusstseinsstrom" zur Schilderung der Psyche, schreibt aus der unmittelbaren Selbsterfahrung der Haupt- und Nebenfiguren heraus. Die Figur des geisteskranken Smith begeht Selbstmord, seine letzten Stunden werden minutiös aus der Innenperspektive geschildert. 1935 erscheint W.'s einziges Theaterstück „Freshwater", das auf dem Leben ihrer Großtante, der Fotografin J. M. Cameron (1815–1879) basiert. Deren Fotos wurden 1913 von Stieglitz wiederentdeckt und publiziert. Sie übten großen Einfluß auf Steichen, Eugene und andere aus (A. Roberts, 35). W. versuchte mehrfach, sich das Leben zu nehmen, mindestens zweimal erfolgte die suizidale Handlung nach erfolgreichem Abschluß eines Romans (zuerst 1915).

Es ist für jeden Laien erkennbar, wie gestört die geniale Schriftstellerin war, die immer wieder „Stimmen hörte". Aber auch ihre Schwester Vanessa, eine Malerin, litt an einer Persönlichkeitsstörung. Vanessa hatte 1907 Clive Bell geheiratet. Mit Clive hatte sie zwei Söhne (geb. 1908 und 1910). Clive hatte eine Reihe Affairen und flirtete auch mit W. Er lebte ab 1914 mit M. Hutchinson zusammen. Vanessa aber hatte eine Affaire mir Roger Fry (Maler), der später mit Helen Anrep zusammen war. Nach Fry war Vanessa mit Duncan zusammen, der zugleich mit Garnett zusammenlebte. 1918 wurde Angelica Bell (spätere Ehefrau Garnett) geboren, die lange glaubte, Clives Tochter zu sein, deren

Vater aber Duncan war. Vanessa starb 1961. Duncan starb als letzter, noch nach Leonard (1964) im Alter von 91 Jahren (1978).

Es ist unübersehbar, dass in dieser hochkreativen Gruppe Promiskuität, Bisexualität, psychologischer Inzest und sexuelle Desorientiertheit ubiquitär waren. Die Beziehungen waren hochpathologisch und von großer emotionaler Abhängigkeit geprägt. Die Zahl derer, die Suizid begingen, ist beträchtlich: Dora Carington, Mark Gertler, der vergeblich in Dora verliebt war, und W. Man stelle sich vor, was es für Angelica Bell bedeutet haben muss, zu erfahren, dass nicht Clive Bell ihr Vater war, sondern Duncan Grant. Sie heiratete den Liebhaber ihres Vaters, der bei ihrer Geburt anwesend gewesen war und hatte vier Kinder mit ihm!

2.2.14. Lee, Hermione: Virginia Woolf. Fischer. Frankfurt/M. 2006

Roberts, Pam: Das Antlitz der Erinnerung. Frederking u. Thaler. München. 2001

Todd, Pamela: Die Welt von Bloomsbury. Fischer, Frankfurt/M. 2002

2.2.15. Russland

2.2.15.0. Einführung

Avantgarde-Künstlerinnen, die in Paris studiert hatten, spielten in Russlands Kunstleben eine bedeutende Rolle. Auch als Musen, Geliebte und Ehefrauen westlicher Intellektueller, Künstler und

Schriftsteller traten russische Frauen in Erscheinung. Ich erinnere an Lou Salomé, an Olga Khokhlova, die erste Frau Picassos, eine Tänzerin der Ballets Russes wie ihre Kollegin Lopokova, die Keynes heiratete, an Sabina Spielrein, an Marianne von Werefkin, Olga von Hartmann usw.

2.2.15.1. Avantgarde und Sexualität

1910 fand in Odessa und Kiew ein Salon der neuesten europäischen Malerei statt. Kandinsky, Münter, Gleizes, Matisse, Kubin und viele andere waren vertreten.

Ein neuer Typ kreativer Frau trat in Russland auf, verkörpert durch die Malerinnen Exter, Popowa, Gontscharowa, Rosanowa, Stepanowa und Udalzowa (Bowlt). W. Iwanow, symbolistischer Dichter und Philosoph, der in Berlin und Paris studiert hatte, versuchte Nietzsches dionysische Religion in Gestalt sexueller Orgien in seiner Wohnung im „Turm" zu verwirklichen. Beteiligt waren als harter Kern seine Frau sowie D. Mereschkowski und dessen Frau, die Dichterin Sinaida Gippius (andere Schreibung Hippius). (Mereschkowskis „Leonardo" war eine wichtige Quelle für Freuds Leonardo-Studie.) Der Religionsphilosoph Berdjajew schrieb: „Ein dionysisches Brausen ging über Russland hin (…). Orgiasmus war die Mode (…). Der Eros lief dem Logos entschieden den Rang ab" (Etkind, 64).

Solowjew griff den platonischen Mythos (Symposion) vom androgynen, ursprünglich vollkommenen Menschen auf und suchte nach einer Wiedergewinnung der Ganzheit in der universellen Liebe. Seine „Vorlesungen über das Gottmenschentum", die durchaus mystischen Charakter haben, wurden von Gippius in einer konkret-sinnlichen Weise aufgefasst. Sie selbst fühlte sich androgyn, schrieb ihre Gedichte mit männlichen Personalpronomen, signierte sie aber weiblich. Als Kritikerin nannte sie sich „Anton der Extreme". Andrej Bely, der in seinem Roman „Petersburg" ein grandioses Panorama der Gesellschaft dieser Zeit entfaltete, beschrieb Gippius als zwar dämonische, doch auch etwas groteske Verführerin: „Der Charme ihres knochigen, hüftlosen Skeletts erinnerte an eine Kommunikantin, die Satan geschickt zu fesseln versteht" (B., 77). Gippius fühlte sich als Zwitterwesen zwischen Mann und Frau und hatte, wie schon ihre Magersucht erkennen lässt, ein tief gestörtes Verhältnis zu ihrem Körper. Wie Lou Salomé war sie verheiratet, schlief aber niemals mit ihrem Mann, der sie (im Gegensatz zu Karl Andreas) selbst auch nicht sexuell begehrte, vielmehr anderen Frauen nachstellte. Gippius hatte mehrere Dreiecksbeziehungen, in die jeweils ein Mann und eine Frau involviert waren, blieb aber bei all ihren sexuellen Aktivitäten Jungfrau im anatomischen Sinne. Ihre große Liebe scheint D. Filosofow, der Geliebte von Diaghilew gewesen zu sein. Nach seiner Trennung von Diaghilew lebte Filosofow 15 Jahre in einer Dreiecksbeziehung mit Gippius und ihrem Mann. Gippius mystifizierte diese Dreieinigkeit im Sinne der Philosophie Solowjews.

Das Motiv der Androgynie war damals ubiquitär. Weininger, Fließ, Freud beschäftigten sich mit Bisexualität. Munch malte sich als Mann mit Brüsten usw. Auch das Thema der kastrierenden Frau, die den Mann tötet, der ihre Geilheit nicht befriedigt, war in ganz Europa in Gestalt der Salomé präsent. Wildes Stück war 1904 durch Balmont ins Russische übersetzt worden. Die Tänzerin Ida Rubinstein versuchte 1908 das Stück aufzuführen, scheiterte aber an der Zensur. Es gelang ihr aber, „getarnt" als Cleopatra im Kostüm der Salomé 1909 den Schleiertanz im Westen aufzuführen.

Cocteau sah in Paris die Tänzerin als Cleopatra (1909) und beschrieb eindrücklich ihren Tanz, der wie eine Art striptease im gekonnten Ablegen von zwölf (!) Schleiern bestand (82). Erst 1917 wurde „Salomé" in Russland freigegeben. Rubinstein hatte eine Affaire mir dem Dichter d'Annunzio, der mit der Duse liiert war, ebenso mit der Künstlerin Romaine Brooks, die im Kapitel über die „Left-Bank" in Paris dargestellt wurde. Diese malte sie 1911 (Abb. B., 86). 1913 trat R. in einem Stück d'Annunzios mit einem Leoparden an der Leine auf. (Hawks griff in „Leoparden küsst man nicht" (1938) auf diese theatralische Idee zurück. Die knochige Hepburn hat sogar eine gewisse Ähnlichkeit mit R.) Auch die russische Avantgarde zeigt, so darf zusammenfassend festgestellt werden, die für die damalige Zeit charakteristische Verschmelzung von Orgiasmus und Mystik.

2.2.15.1. Bowlt, John (Hg.): Amazonen der Avantgarde. Deutsche Guggenheim. Berlin. 1999

Etkind, Alexander: Eros des Unmöglichen. Kiepenheuer. Leipzig. 1996

Solowjew, Wladimir: Deutsche Gesamtausgabe. Szylarski, Wladimir (Hg.). Erich Wewel. München. 1978

2.2.15.2 Ballets Russes

Diaghilew revolutionierte den Tanz. Strawinsky schuf fulminante Ballettmusiken. Avantgarde-Malerinnen und Maler schufen neue Kostüme und Bühnenbilder. Les Ballets Russes unter der Leitung von Diaghilew wurde – neben dem Ausdruckstanz der Isadora Duncan – zum Inbegriff der avantgardistischen Tanzkunst. Erotik und Mystizismus waren die geistig-sinnlichen Elemente dieser Kunst. In ungekannter Freiheit wurde der Körper als „Poesie der Bewegung" in Szene gesetzt (Jeschke, 67).

2.2.15.2. Jeschke (s. 2.15.2.0.)

2.2.15.2.0 Revolutionäre Ballette

Der „Feuervogel" ist nach W. Propp eine Helferfigur des russischen Märchens. Bakst entwarf die Kostüme, Golowin schuf das Bühnenbild, Strawinsky komponierte und Fokine choreographierte (Jeschke, 29). Die Musik, die Str. für das „Frühlingsopfer" schuf, provozierte das Publikum bei der Premiere in Paris (1913) zu tumultartigen Ausbrüchen. Der Theosoph Nicolas Roerich, der später als spiritueller Lehrer des Agni-Yoga in Erscheinung trat, hatte die Kostüme entworfen. Auch die Handlung ist provokativ: In einem Fruchtbarkeitsritual wird eine Jungfrau geopfert. Sie muss sich zu Tode tanzen. Nijinsky hatte die Choreographie einstudiert. „Der Goldene Hahn" (1914): Für dieses Ballett entwarf die Gontscharowa die Kostüme. Rimsky-Korsakow hatte das Ballett zunächst als Oper konzipiert. „Die Maske des roten Todes" basiert auf einer Novelle von Poe: eine sexuell ausschweifende Gesellschaft wird vom Tod heimgesucht. Das Ballett kam nicht zur Aufführung. „Parade" wurde 1917 in Paris uraufgeführt. Satie schrieb die Musik, Picasso schuf das Bühnenbild, das konventionell war, aber auch die Kostüme, die wie gigantische Käfige wirkten, in denen die Tänzer steckten. Das Stück endete in einem

Eklat, der weitere Aufführungen verhinderte.

2.2.15.2. Augustat, Wilhelm: Das Geheimnis des Nicholas Roerich. Heyne. München. 1993

Jeschke, Claudia (Hg.): Schwäne und Feuervögel. Henschel. München. 2009

2.2.15.2.1. Verbindungen zwischen den „Ballets Russes" und westlicher Kunst

Hofmannsthal war ein genauer Beobachter des Tanzes. Er war faszinniert von Nijinsky. Er selbst beteiligte sich an dem Ballett „Josephs Legende", für das R. Strauss die Musik schrieb (1912). Die „Ballets Russes" gastierten 1912 in München, wo es eine Tanzszene mit von Derp, Sacharoff und von Laban bereits gab. 1912 tanzte Njinsky in Berlin „Carneval" zu der großartigen Klaviermusik von Robert Schumann (Jeschke, 128). Die Tanzkunst Nijinskys harmonierte mit den Wegbereiterinnen des Ausdruckstanzes: Duncan, Sacchetto, Barrison, Leistikow, Wiesenthal, von Derp und zunächst als einziger Mann neben Laban: Sacharoff. Auch die Schulen von Mensendieck und Delsartes wirkten gleichsinnig. In Dresden holten sich Diaghilew und Nijinsky bei Dalcroze Anregungen. Nijinskys „Faun", der in Paris einen Skandal erregt hatte, wurde in Dresden anstandslos akzeptiert. Der homosexuelle Startänzer hatte 1912 in Paris einen Skandal ausgelöst, weil er auf der Bühne eine Masturbation mit einem Fetisch darstellte: eine der vom Faun begehrten entschwundenen Nymphen, ließ einen Schal zurück, auf den N. pantomimisch seinen Samen ergoß. Der Skandal war so groß gewesen, dass Diaghilew Unterstützungserklärungen prominenter Künstler einholen musste (Natter, 57).

Auch Rodin war unter den Unterzeichnenden. Der „Figaro" enthüllte daraufhin, dass Rodin auf Staatskosten in einer Villa lebte und in einer Kapelle seine Zeichnungen von masturbierenden Modellen ausstellte. Auf einer Karikatur wurde Rodin als Lustgreis dargestellt, der sich gleich über die beiden schon halb entkleideten oder lasziv auf dem Bett ausgestreckten Damen hermachen wird. Untertitel: Das Modell fragt den Maler, wo es seine Kleider ablegen solle. Rodin antwortet: In der Kapelle! (Abb. Natter, 65)

2.2.15.2.1.   Jeschke, a.a.O.

Natter, a.a.O.

2.2.15.2.2. Tänzerinnen in Wien um 1910

1909 trat die Startänzerin Anna Pawlowa in Wien auf. Ihre Spezialität war „der sterbende Schwan", den sie mir ihrem überlangen Hals perfekt verkörpern konnte. Das Publikum in Wien fand sie zu dünn (Jeschke, 142). Grete Wiesenthal, mit Hofmannsthal befreundet (sie taucht auch in Altenbergs Fotosammlung auf) hatte zusammen mit ihren Schwestern in dem Kabarett „Fledermaus" (Abb. „Jugendstil") debütiert.

Wiesenthal drehte 1913 in Schweden den Film „Das fremde Mädchen", nach einer Pantomime (!) von Hofmannsthal unter der Regie von Mauritz Stiller (Fritz, 45). Der Film wurde als „Eigenartige Tragödie aus dem Reiche des Mystischen" angekündigt (46). 1912 trat auch Tamara Kassawina, eine wie die Pawlowa extrem schlanke Tänzerin, in Wien auf.

2.2.15.2.2.   Fritz, a.a.O.

Jeschke, a.a.O.

Hofstätter, Hans: Jugendstil. RVG. Eltville. 1987

2.2.15.2.3.   Sexualität der Frau als Thema des Balletts

In mehreren Balletten ist die aktive Sexualität der Frau zentrales Thema, allerdings immer gefolgt von der Tötung oder Selbsttötung der sündigen Frau, Wie in Salomé steht in der Josephslegende die geile Frau Potiphars als Verführerin dem keuschen Joseph gegenüber. Als ihre Absicht scheitert, erdrosselt sie sich mit ihrer Halskette. Salomé wird von Herodes in Wildes Stück und der Oper von Strauss dem Henker übergeben: „Man töte dieses Weib!" In „Sheherazade" kreist die Handlung um eine Orgie in einem Harem, die der eifersüchtige Scharias aufdeckt. In flagranti ertappt er Sobeide mit ihrem Lieblingssklaven. Sie tötet sich mit einem Dolch. In der „Maske des roten Todes" ist der Tod die Strafe für die sexuelle Ausschweifung. Selbst im „Frühlingsopfer" muß eine Jungfrau stellvertretend für den Sexus aller sterben. Wir sahen bereits, dass die höhere Gesellschaft ihren weiblichen Mitgliedern keine vor- oder außereheliche Sexualität erlaubte oder zugestand. Auf der Bühne wird die Sexualität der höhergestellten Frau zwar thematisch, aber auf die sexuelle Begierde, ob erfüllt oder nicht, folgt immer der Tod. Von einer Anerkennung weiblicher autonomer Sexualität war man noch weit entfernt.

2.2.15.2.3. Jeschke, a.a.O.

2.2.16. Zeichner sexueller Obsessionen

2.2.16.0. Einführung
Ein Sonderfall sind Zeichner und Maler, die sich zwanghaft mit sexuellen Themen beschäftigen.

2.2.16.1. Alfred Kubin (1877–1959)

K. wurde in Leitmeritz als Sohn einer Pianistin und eines Landvermessers geboren. Die Familie zog nach Salzburg, als K. drei Jahre alt war. Schon 1882 begann das Kind zu zeichnen. 1887 starb die Mutter an Tbc, ein Trauma, das K. nie überwand. Das Studium an der Kunsthochschule brach K. ab. Er absolvierte eine Fotographenlehre in Klagenfurt. 1896 versuchte er, sich mit einem Revolver am Grab der Mutter zu erschießen, was misslang, weil der Revolver verrostet war. Beim Militär erlitt er einen Nervenzusammenbruch. 1898-1901 studierte er an der Akademie in München. 1902 stellte er erste Zeichnungen bei Cassirer in Berlin aus. 1903 starb seine Verlobte, eine neuerliche Nervenkrise war die Folge. 1904 lernte er die junge, verwitwete Schwester von Oscar Schmitz kennen, die er 1904 heiratete. 1906 erschien sein Roman „Die andere Seite". 1907 starb der Vater. Wieder war eine Depression mit Unfähigkeit zu arbeiten die Folge. 1909 trat er der NKVM bei. 1911 lernte er Kafka, Brod und Werfel kennen und begründete mit Marc und Kandinsky den „Blauen Reiter". Nach Marcs Tod 1916 studierte Kubin intensiv den Buddhismus. 1931 wurde er zum Professor ernannt. Er starb 1959 in Zwickledt.

Auf seiner Burg in Zwickledt war sein Schwager Schmitz ein häufiger Gast und Diskussionspartner. Auch nachdem S. 1912 eine Psychoanalyse bei Abraham begonnen hatte, die mit Unterbrechungen bis 1921 dauerte, standen K. und S. in intensivem Austausch, auch über die Analyse von S. und die Psychoanalyse allgemein. So kann K. als ein aus zweiter Hand über die Psychoanalyse Informierter gelten. Lange vor der Berührung mit der PA war K. schon ein Zeichner seiner sexuellen (und grausamen) Phantasien, die, da er keine reifen Abwehrmechanismen besaß, als quasi-halluzinatorische Bilder aus seinem Unbewußten auftauchten. Vielfach nahm K., der nach Franz Blei (327) zwanghaft zeichnete, zeichnerisch Inhalte vorweg, die die Psychoanalyse wissenschaftlich erst Jahre später aufgriff und publizierte. Als Beispiel sei hier die Federzeichnung „Todessprung" (1902) genannt. Sie zeigt einen penisgroßen Mann, der mit erigiertem Glied in die Scheide einer liegenden Riesin springt wie ein Klippenspringer ins Meer. Ferenczi hat diese Phantasie als „Gulliver-Phantasien" beschrieben (1926). In „Geilheit" starrt ein Hund mit übergroßem Phallus, aus dem Sperma fließt, auf eine nackte Frau in der Ecke, die schamhaft ihre Blöße zu bergen versucht. Die Frau erscheint bei K. oft als Todesgöttin: „Unser aller Mutter Erde" (1902), als kastrierende Frau: „Das Weib" (1902), oder als phallisches Mutter-Monster: „Adoration" (1902). (Alle Abbildungen in Gibson, 138ff.)

K. schrieb auch den 1906 erschienen Roman „Die andere Seite". Der Roman ist die grässliche Vision eines alptraumhaften Reiches mit der Hauptstadt Perle im Inneren Asiens, regiert von einem proteushaft wandlungsfähigen Diktator Patera. Man könnte von einem Gegenmodell zu Shambala oder Shangrila sprechen, da das Leben in Perle absurd, kafkaesk verläuft. Der Amerikaner

Bell fordert die Bewohner Perles zum Umsturz auf, womit der Untergang und Zerfall des Traumreiches eingeleitet wird. Raub, Mord, Selbstmord, Bandenkriege, sexuelle Orgien, Epidemien von Psychosen überziehen die Stadt, die schließlich von Bränden und Erdbeben vollends zerstört und vom Sumpf verschlungen wird. Geheimnisvoll unklar bleibt aber, ob nicht Bell und Patera dieselbe Person sind, da Patera auch Bells Gestalt einnehmen kann. Im Epilog finden wir den Erzähler in einer Irrenanstalt wieder, wo er Freuds Triebtheorie von 1920 vorwegnehmend von Lebens- und Todestrieb spricht und von Patera als der „anderen Seite" von Bell und umgekehrt (wie Jeykill und Hide). Die kubiische Welt ähnelt der psychotischen Vision des Weltuntergangs, die Schreber erlebte, über den Freud eine Studie (1911) schrieb.

2.2.16.1.   Blei, Franz: Erzählung eines Lebens. Zsolnay. Wien. 2004

Gibson, Michael: Symbolismus. Taschen. Köln. 2006

Lemaire, Gerard: Auf den Spuren von Franz Kafka in Prag. Gerstenberg. Hildesheim. 2002

Martynkewicz, a.a.O.

2.2.16.2.   Jules Pascin (1885–1930)

Der ebenfalls mit Schmitz und Mühsam bekannte P., der ursprünglich „Pincas" hieß, war auch ein guter Bekannter von

Kubin. Er studierte in München und zeichnete für den „Simplicissimus", bevor er 1905 nach Paris ging. Er verkehrte im Café du Dôme, in dem sich alle in Paris lebenden deutschen Künstler trafen. In Paris ging er weiter der Obsession nach, die er schon in seiner Jugendzeit gezeigt hatte: Er fertigte in Bordellen obszöne Zeichnungen an. Seine Geliebte Hermine David, eine Nachfahrin des berühmten Historienmalers, begleitete ihn während des 1. Weltkrieges nach Amerika, wo er sie heiratete. 1923 kehrte er nach Paris zurück. Er suizidierte sich 1930. P. war, wie Kubin, ein zwanghafter Zeichner. Er bekritzelte Tischdecken, Speisekarten, Zigarettenpackungen (Döpp, 182). Seine Zeichnungen und Aquarelle (Abb. Döpp, 178-185) haben bei aller pornografischen Direktheit (für den heutigen Betrachter zumindest) auch etwas harmlos-kindliches in ihrem Ausdruck: So als hätte ein Kind mit großen erstaunten Augen auf die Welt des Sex geschaut. Pascin, der von Orlik gezeichnet und von verschiedenen seiner Künstlerfreunde karikiert wurde, z.B. als Maus, war in der Tat sehr klein und wirkte oft wie ein kleiner Junge auf Außenstehende.

2.2.16.2.   Alms, Barbara: Paris leuchtet. Hachemann. Delmenhorst. 2007
             Döpp, Hans-Jürgen: Paris-Eros. Parkstone. New York. 2004
             Martynkewicz, a.a.O.

2.2.17. Schriftstellerin und Psychoanalytikerin: Lou Andreas-Salomé (1861–1937)

S. ist so bekannt, dass ich sie hier eigentlich nicht vorzustellen bräuchte. Ich tue es trotzdem, weil ich glaube, dass gerade das Sexualverhalten von S. von so bedeutenden Autoren wie K.R. Eissler völlig falsch dargestellt wurde und aus dieser Fehleinschätzung heraus wiederum falsche Schlussfolgerungen gezogen wurden. Sowohl Eissler als auch sein Antipode Roazen glaubten z.B., dass S. mit Tausk (vgl. 2.3.1) eine sexuelle Beziehung hatte. Das ist nach meiner Überzeugung, die durch die neue Biographik bestätig wird, völlig ausgeschlossen. Ich habe den Eindruck, dass Roazen und Eissler der Schönheit dieser Frau und ihrem großen Charme erlegen sind und ihr daher fälschlich eine Sexualität unterstellten, die diese sexuell verklemmte Frau niemals an den Tag legte. Um es gleich vorweg zu sagen: S. hatte nach meiner Überzeugung eine pathologische Angst vor oder einen heftigen Widerwillen gegen das Penetriertwerden, was nach Eissler ausgerechnet der normale „Urwunsch" einer gesunden Frau ist. (Feministinnen sehen das ja anders.) Das war der Grund dafür, dass sie frühestens im Alter von 36 (!) Jahren durch Rilke, von dem sie vielleicht mit 37 ein Kind erwartete, aber abtrieb (Freedman I, 125) entjungfert wurde. Rilke hat felsenfest behauptet, dass er der erste Mann gewesen sei, mit dem S. penetrativen vaginalen Geschlechtsverkehr hatte (Welsch, 91). Mit Friedrich Pineles, einem Arzt, soll sie ihre längste sexuelle Beziehung gehabt haben. 1901 wurde sie von ihm schwanger, verlor aber das Kind (Welsch, 119). Warum schätzte man sie so falsch ein? Sie war als schöne, narzisstische und kluge, gebildete, viel wissende Frau eine unglaubliche Attraktion für intellektuelle und künstlerische Männer. Sie zog diese Männer an, ließ aber sehr lange keinen sexuell an sich herankommen. Das begann schon mit ihrem Privatlehrer Gillot, der der 16jährigen, die im Alter seiner Tochter war, einen Antrag machte (52). Das setze sich fort mit Paul Rée und mit Nietzsche, der allerhöchstens versucht hat sie zu küssen, worauf sie abbrach (Janz, II, 128).

Für Nietzsche war es der letzte seiner völlig erfolglosen (wenigen) Versuche mit Frauen. Karl Andreas, Göttinger Professor für Orientalistik, zwang sie zwar durch theatralische Suiziddrohung in die Ehe, die sie aber nachweislich niemals vollzog. Diese Frau, die glänzend über Erotik schrieb, hatte keine sexuellen Erfahrungen vor Rilke (1897 in Wolfratshausen). Ebbinghaus fühlte sich denn auch von ihren Novellen an „Nonnenphantasien" erinnert. Dazu passt auch, dass sie zwar alle Männer und Frauen der Avantgarde, zu der sie ja selbst zählte, kannte, aber kein Mann und keine Frau schaffte es in das Bett der schon alternden Schönen.

Natürlich hat dieses Verhalten auch mit Narzissmus zu tun. Als Freud 1914 die narzisstische Frau beschrieb, „die den größten Reiz auf die Männer" ausübt (G.W. 10, 155), dachte er ebenso an S. wie bei der wunderbaren Geschichte von der narzisstischen Katze, die in sein Zimmer stieg und wieder verschwand, wobei sie von Freuds steigender „Liebe und Bewunderung" keine Notiz nahm (Briefe, 89), die er an S. schrieb. Typisch für ihre Wirkung und Reaktion auf Männer ist die Begegnung mit Wedekind in Paris, die sie in ihrer Novelle „Fenitschka" schilderte: Sie erklärte sich bereit, nachts Wedekind in sein Hotel zu folgen, um noch etwas zu trinken. W., der von den „halbprofessionellen" Damen, die er gewohnt war, verdorben war, glaubte, sie sei bereit, sich ihm hinzugeben und umfasste sie erregt. Sie aber wandte sich von ihm weg, er versperrte darauf die Tür (!) und sie brachte ihn mit einem trockenen „wie schade!" zur Räson. Er entschuldigte sich beschämt (Regnier, 149). Beer-Hofmann, mit dem sie ins Stubai-Tal fuhr, erging es ähnlich. Auch dieses „Nicht-Erlebnis" verarbeitete sie literarisch in „Jutta".

In Wien kannte sie Altenberg, Schnitzler, Salten, Wassermann und Freuds Patienten Swoboda (1895). In Berlin kannte sie Reinhardt, Moissi, Harden und Eysoldt. Sie hatte Zugang zur „Neuen Gemeinschaft" von Julius und Heinrich Hart (Lebensrückblick, 88). Sie war mit dem späteren Eros-Theoretiker Bölsche befreundet. Sie kannte auch den Mystiker Ludwig Haller und sein Werk „Alles in Allem". Dieser tat „einen freiwilligen Todessprung ins Meer (..), der ausgesprochen mystisch untergründet gewesen" (88).

S. schrieb einen nicht erhaltenen Aufsatz über Haller. S. war selbst <u>keine</u> Mystikerin, obwohl sie der Mystik nahe stehende Philosophen wie Solowjew und Spinoza studierte. Im Briefwechsel mit Freud hat sie die mystische Erfahrung erstmals mit dem primären Narzissmus in Verbindung gebracht, was Freud in der Auseinandersetzung mit Rolland Jahrzehnte später selbst wiederholte, ohne sich offenbar an S.s Deutung zu erinnern (Uhl, 9ff.). Über den Psychoanalytiker Bjerre war S. 1911 auf Freud aufmerksam geworden, hatte den Kongreß 1911 besucht und 1912/13 die Psychoanalyse bei Freud erlernt, worüber sie ein berühmt gewordenes Tagebuch schrieb.

Sie wurde eine (platonische) Freundin Freuds und seiner Tochter Anna und eine der bedeutendsten Psychoanalytikerinnen der ersten Hälfte des 20. Jahrhunderts.

2.2.17   Andreas-Salomé, Lou: Lebensrückblick. Insel. Frankfurt/M. [4]1979

Eissler, Kurt Robert: Comments on Penis Envy and Orgasm in Women. Ps. St. Child 1977, 29-83

Freedman, Ralph: R. M. Rilke. Insel. Frankfurt/M. 2002

Freud, Sigmund und Andreas-Salomé. Lou: Briefwechsel. E. Pfeiffer (Hg.). Fischer. Frankfurt/M. [2]1980

Regnier. a.a. O.

Uhl. Anton: Psychoanalyse und Mystik. Zwei Vorträge. BOD. Regensburg. 2002

Welsch, Ursula: Lou Andreas-Salomé. Reclam. Leipzig. 2006

Wiesner-Bangard, Michaela: Lou Andreas-Salomé. Reclam.Leipzig. 2002

2.2.18. Oscar Schmitz (1873–1931)

Von S. war schon verschiedentlich die Rede. Eigentlich war die große Zeit der Dandys (Wilde, D'Annunzio, Proust) schon fast vorbei als ein Herr die gesellschaftliche Bühne betrat, der diesen Typus noch einmal verkörperte. S. reiste grundsätzlich mit zwei verschiedenen, dem Anlaß angepassten Garderoben – einer legèren für die Bordellbesuche und Bistro-Bekanntschaften mit leichten Mädchen und seiner Abendgarderobe für Oper und Salon. Er wirkte durch seine Distanziertheit wie nicht recht dazugehörig, flatterte, wie Gräfin Reventlow schreibt, „wie ein Schmetterling" zwischen George, Klages und Schuler hin und her, war neben Stern ein Stichwortgeber in Unterhaltungen über Magie und Spiritismus, von dem er, der seit Kindheit immer wieder Dämonen sah, so beeindruckt war, dass er sich nicht in den Sessel setzen mochte, den die Oma ihm vererbt hatte. Ihn lässt die Reventlow sagen, was alle beherrschte: „Wir haben wieder gelernt, diony-sisch zu empfinden" (Romane, 183).

S. empfand bisexuell, hielt es aber in praxi doch mehr mit den Frauen, die er als echter Don Juan in großer Zahl verbrauchte. Bei den Kosmikern und dem George-Kreis flog S. hinaus, weil er an Lechters Kunst Kritik geübt hatte. Seine Kritiksucht und Arro-ganz machten ihm im sozialen Verkehr oft zu schaffen. Auch von den Anarchisten (Mühsam, Gross) fühlte er sich nach kurzer Zeit abgestoßen – er, der auf Kostümfesten in einer Toga erschien, die er so trug, als hätte er einen Smoking an. Für uns hier ist der rei-che Sohn eines Eisenbahndirektors, der sich nach dem Scheitern zweier Studien als reisender Schriftsteller betätigte, einmal inte-ressant, weil er fast alle hier auftretenden Personen persönlich kannte und zum zweiten, weil er als Person perfekt die These von der Sinnsuche zwischen Dionysos und Buddha, zwischen Psy-choanalyse und Esoterik verkörpert.

S. verdanken wir wertvolle Schilderungen des Sexuallebens der Zeit, z.B. schilderte er im „Tagebuch" und in Veröffentlichungen den berühmt-berüchtigten „bal des quat'z arts" 1906 in Paris. Er beschreibt ein Gewoge „nackter Frauen unter bunter durchsichti-ger Gaze" (Martynkewicz, 461), „ein antiker Gott trägt statt eines Feigenblattes die Aufschrift „dames" " (461), in einem mittelalter-lichen Höllendarstellungen nachempfunden Drachenmaul tanzen

„schöne nackte Mädchen (…). Ähnlich geht's auf der Bühne zu, wo die tanzenden Frauen vorläufig noch etwas umgazt sind, sich aber bald ganz entblößen (…). Jetzt muß man betrunken sein (…), zitternde Brüste gleiten uns durch die Hände (…), alle Hemmungen unserer sonst so würdigen Persönlichkeiten fallen" (461f.). Die Schilderung verwertete Iwan Bloch in seiner Studie über Prostitution (1912).

Der deutsche Maler Albert Weissgerber, ein Schüler Stucks, hat zwei Bilder dieses Ereignisses, das er mit S. besuchte, gemalt. Das allein mir bekannte zweite zeigt zwei orientalisch verkleidete, alkoholisierte, schlafende „Krieger" (vielleicht Hessel und S.) nach durchgemachter Ballschlacht (Alms, 107).

Natürlich nahm S. Drogen, schrieb auch darüber („Haschisch") und war vom Lebensstil der Bohème angetan. Aber er wollte auch eine bürgerliche Ehe, heiratete zweimal, um sich kurze Zeit später wieder scheiden zu lassen und schließlich drei Jahre vor seinem Tod ein drittes Mal. Wie schon erwähnt, lernte er 1907 Freud kennen, der ihm zu einer Analyse riet, die er 1912 bei Abraham mit Unterbrechungen bis 1921 absolvierte. S. litt an der seit Kindheit bestehenden, bereits erwähnten Dämonenfurcht und an schweren Depressionen. 1924 lernte er Adler kennen und begeisterte sich für dessen Individualpsychologie. 1926 wurde er Mitglied des „Psychologischen Clubs" in Zürich und hatte einzelne Analysesitzungen bei Jung. Er betätigte sich unter Jungs und Wolffs Anleitung selbst als Analytiker. Er starb 1931 in Frankfurt. S. hatte ausgesprochen mystische Neigungen. Er arbeitete mit dem Esoteriker Hermann Graf Keyserling zusammen und organisierte mit diesem die Zusammenkünfte der Darmstädter „Schule der Weisheit", die z.B. Tagore nach Deutschland holte. Er schrieb über Astrologie (1922) und über „Psychoanalyse und Yoga" (1923). Seine aufschlussreichen Tagebücher sind in einer hervorragend kommentierten Ausgabe erhältlich.

2.2.18.   Alms, a.a.O.

Martynkewicz, a.a.O.

Reventlow, a.a.O.

2.2.19. Viktor von Dirsztay (1884–1935)

D. war vermutlich derjenige Patient Freuds, der die längste Analyse, länger als die des Wolfsmannes, bei Freud absolvierte, nämlich ca. 1400 Sitzungen, wie Ulrike May ermittelte. (Nach May alle Sach-Informationen dieses Abschnittes.) D. litt an einer – heute so diagnostizierbaren-schweren Persönlichkeitsstörung. Freud erwähnt seinen Masochismus, wobei unklar ist, ob es sich um sexuellen oder moralischen Masochismus handelte oder beides. D. war Sohn eines sehr reichen Vaters, aber entmündigt. Er verehrte bis hin zur abgöttischen Liebe Karl Kraus, den schonungslosen Kritiker und Spötter über die Psychoanalyse, aber zugleich ging er zu Freud, den er offenbar ebenso verehrte – was eine bemerkenswerte Spaltung seiner Persönlichkeit erkennbar werden lässt. Er hielt sich für einen begabten Schriftsteller, fand aber nicht die Unterstützung von Karl Kraus. Walden aber erwies D., der ein enger Freund Kokoschkas war, den D.s Vater finanziell unterstützte und der Waldens großes Zugpferd (neben Chagall) war, die Freundlichkeit, einige wenige Texte D.s im „Sturm" zu veröffentlichen, z.B. das „Lob des hohen Verstandes", zu dem Kokoschka Zeichnungen beisteuerte (die 2008 in der Ausstellung „Wien um 1900" im Museumsquartier in Wien gezeigt wurden).

Freilich war der Hauptgrund der Veröffentlichung die Tatsache, dass D. Walden Geld für die Publikation gegeben hatte. Kraus war über die Qualität der Texte D.s entsetzt und kritisierte Walden heftig. Dies trug zum Bruch zwischen beiden bei. D. hatte drei Tranchen höchstfrequenter Analyse bei Freud. Dann ging er, da Freud aktuell keinen Platz frei hatte, zu Reik. An Kraus schrieb er einen wirren Brief, in dem er sich als Opfer eines Verbrechens bezeichnete, das er öffentlich machen wollte. Von „Seelenmord" war die Rede. Ob er damit Freud oder Reik oder beide oder keinen von beiden anklagte, ist nicht aus den Dokumenten ersichtlich.

D. heiratete eine ebenfalls schwergestörte Frau. Er tötete erst sie, dann sich im Jahr 1935. Freud vermerkte D.'s Tod in seinem Kalender. D. zählt zu jenen offenbar unheilbaren Fällen, von denen es in der Frühzeit der Psychoanalyse eine ganze Reihe gab. Auch heute gibt es leider Behandlungen (in der IPV) über weit mehr als 1000 Stunden, die erfolglos verlaufen. In der Geschichte der Psychoanalyse ist der schillernde, unfreiwillig komisch wirkende D. eine traurige, bedauernswerte Figur. Sein Schicksal ist ein in Wien in Künstlerkreisen damals durchaus typisches. Nicht wenige Künstler und Philosophen endeten in Wahnsinn oder Selbstmord. Ich nenne nur stellvertretend Weininger und Gerstl. Über D. hatte Freud zweifellos tiefe Einblicke in die Welt eines Kokoschka, Schiele, Oppenheimer, in die Berliner Expressionistenszene, in die Welt von Kraus und Altenberg. Freud liebte, wie man von Selbstaussagen zum Thema weiß, die expressionistische Kunst nicht. Er interessierte sich mehr für Symbolisten, von denen er eine ganze Reihe in seinem Werk beispielhaft zitiert.

2.2.19.   May, Ulrike: Zum Zeitpunkt der Fertigstellung dieser Arbeit noch unveröffentlichtes Manuskript: 1400 Stunden bei Freud. Viktor von Dirsztay. Eine biografische Skizze. Luzifer-Amor, Jg. 21, Heft 45, 2010

2.3. Die Ersetzung der kulturellen Sexualmoral durch die sexuelle Immoralität der Bohème in der Anarchisten-Bewegung und in Teilen der Psychoanalyse

2.3.0. Einführung

Man muß verstehen, dass die Aufhebung der Sexualmoral ein Vorgang war, der sich in der Bohème, der Anarchistenbewegung und teilweise auch in der Psychoanalyse gleichzeitig ereignete.

2.3.1. Viktor Tausk (1879–1919) als Schulfall des Avantgardisten und Psychoanalytikers mit der Unfähigkeit zur Abstinenz

T. begegnete Freud 1908, wurde scheinbar ein erfolgreicher Analytiker und beging 1919 Suizid. Roazen hat die von Eissler widerlegte „wissenschaftliche" Lüge in die Welt gebracht, dass Freud an T.s Suizid schuld war. Ebenso frei erfunden von Roazen ist die Geschichte, dass der 18 Jahre jüngere T. mit der schon über 50jährigen Salomé ein Verhältnis gehabt habe, was Freud zu wütenden eifersüchtigen Handlungen gegenüber T. veranlasst hätte. Kein Wort davon ist wahr. Die Wahrheit ist, dass T. auf sehr junge Mädchen stand, von denen er eine größere Anzahl verführte, im Stich ließ und psychologisch ruinierte. Ebenso nutzte er nachweislich seine Rolle als Arzt aus, um Patientinnen zu verführen. Zuletzt wurde er von einer jungen Pianistin (Hilde Loewi) als Psychoanalytiker aufgesucht. Als die junge Frau, die noch Jungfrau war, im Erstgespräch ihn fragte, ob sie zur Behandlung wiederkommen solle, umarmte, verführte und entjungferte er sie! (Metzger, 558) Nachdem ein Abtreibungsversuch mißlang, versprach er, sie zu heiraten. Da er erkannte, dass er auch diese Ehe, wie schon seine erste, nicht würde ertragen können, brachte er sich um, indem er sich zugleich erschoß und erhängte. (Die schwangere Beinahe-Ehefrau ließ erneut eine Abtreibung, die diesmal gelang, vornehmen.)

T. war in seinem destruktiven Agieren gegenüber Frauen – wie Wedekind – von einem enormen Mutterhaß geleitet. Er erzählte seiner platonischen Freundin Salomé, dass er als Kind – wie in einem Ritual der schwarzen Magie – mit einem Messer auf eine Fotografie seiner Mutter eingestochen habe. T.s Vater war ein Journalist, der seiner Frau notorisch untreu war. T. lehnte sich gegen ihn auf. Zum Jura-Studium ging er nach Wien. Mit 21 Jahren schwängerte er eine junge Frau, heiratete sie und wurde Vater von zwei Söhnen. Mit seinem Beruf als Jurist unzufrieden, beschloss er, Schriftsteller zu werden und seine Familie im Stich zu lassen. Den Konflikt darüber dramatisierte er in seinem Drama „Halbdunkel". In Berlin lebte er als Bohemien, schrieb Sketche für das Kabarett, hatte Kontakt zur „Freien Bühne" und veröffentlichte eine „Paraphrase als Kommentar" zu Hauptmanns Stück „Und Pippa tanzt" (1906).

Ich stelle diese Studie hier vor, weil sie Aufschluss über den mystischen Sucher T. gibt, der er <u>auch</u> war. T. konnte sich mit der Figur des Michel, des sein Werk suchenden Künstlers, identifizieren. Pippa tanzt für Michel. Ihr Vater wird wegen Falschspiels von einem Betrogenen ermordet. Der alte Huhn setzt Pippa gefangen, missbraucht sie aber nicht. Michel befreit Pippa und nimmt sie mit sich. Wann, ein deutscher Spinoza, tritt auf. Er ruht in sich, hat keine Wünsche mehr. T. beschreibt ihn so, als hätte er Zen studiert: „Seine Seele ist eine große, helle Spiegelfläche, in der alle Bewegung der Welt ihr Bild lässt (…). Schön ist die Welt, denn sie ist so. Ihm gehört sie, denn er will nichts von ihr" (T., 369). T. zitiert ein Erleuchtungserlebnis Schopenhauers (370). Er stellt Buddha, Christus, Spinoza und Schopenhauer in eine Reihe der Erleuchtung. Wann als dem Erleuchteten steht Michel, der Sucher gegenüber, dem sich zwar kurz ebenfalls die schmerzliche Helle der Wahrheit zeigt, der aber noch zu sehr seinen körperlichen Trieben verhaftet ist, um sie länger aushalten zu können. Wann schützt Pippa vor Michels wie vor Huhns Begehren. Wann befiehlt Michel, für Huhn den Tod zu rufen. Michel weigert sich. Wann selbst muss es tun. Die Verzögerung kostet Pippa das Leben. Während sie zur Musik von Michel tanzt, zerdrückt Huhn ein Glas, wodurch Pippa auf magische Weise getötet wird. Auch Huhn muss sterben. Michel wird mit Blindheit geschlagen – er hat das Göttliche nicht erkannt (377). Aber er imaginiert Pippa lebend und zieht mit der Phantasiegestalt in die Welt. T.s „Spinoza" – nach Aussage seines Sohnes das Tiefste, was T. schrieb – ist vor dem Hintergrund der „Pippa" konzipiert.

T., der blinde Michel, suchte in Freud einen Wann, einen erleuchtenden Spinoza, der Freud nicht war und nicht sein konnte. Er suchte auch vergeblich nach der Liebe Freuds.

T. formulierte in seiner Kritik Hauptmanns sein eigenes Problem glasklar. „Wer an das Evangelium des Bewusstseins, der Einsamkeit und der Selbstbeherrschung glaubt, findet in Wann einen kräftigen, glaubensfrohen Genossen. Wer aber in Wann eine Aufgabe sieht, muss auf den Wegweiser verzichten (…). Es fehlt das Wie zum Was. Damit aber kann ein Sterblicher nicht fertig werden" (382)

Damit ist gesagt: Hauptmann stellt mit Wann eine Buddha-Figur dar, einen Erleuchteten, der fähig ist zum Spiegel-Bewußtsein, zur Einsamkeit und Selbstbeherrschung. Aber er zeigt keinen Weg wie man dorthin gelangen könnte. (Dieser Weg ist Zazen, damals noch völlig unbekannt in Europa.) Und so misslang T. stets das Wahrheitsbewußtsein. Er war von seinen Affekten verwirrt, er konnte die Einsamkeit nicht ertragen, er konnte seine unhemmbaren Triebe nicht beherrschen. Als er das 1919 endgültig erkannt hatte und nicht mehr an ein Erreichen des Zieles glauben konnte, als er „Pippa" verloren hatte, brachte er sich um. Denn: „Pippa ist dasjenige in unserem Leben, das wir des Morgens erwarten, wenn die Sonne aufgeht und das uns des Abends nicht sterben lässt, wenn wir an den nächsten Morgen denken" (383).

2.3.1.   Eissler, Kurt Robert: Talent and Genius. Quadrangle. New York. 1971

Eissler, Kurt Robert: Victor Tausk's Suicide. International Universities Press. New York. 1983

Metzger, Hans-Joachim (Hg.): Viktor Tausk. Gesammelte psychoanalytische und literarische Schriften. Medusa. Wien. 1983

2.3.2. Erich Mühsams (1878–1934) Sexualprogramm zur Befreiung der Menschheit und Gustav Landauers (1870–1919) Widerspruch

Ein eigenes Kapitel seiner „Unpolitischen Erinnerungen" widmet Mühsam dem legendären Münchner Fasching vor dem 1. Weltkrieg. Die Schwabinger Künstlerschaft feierte mit Aktmodellen und Prostituierten großartige Kostümfeste. „Faschingsbräute" nannte man Damen, deren Bekanntschaft über einen „one-night-stand" hinausreichte. Auf Atelierfesten bei Lotte Pritzel (Puppenmacherin) und Emmy Hennings, die schon damals den Bubikopf erfunden hatten, ließ um ein Uhr Marietta beim Tanzen alle Hüllen fallen (169). Was heute eine Belustigung bei derben Junggesellenabschiedsabenden ist, war damals noch Künstlerbelustigung.

Mühsam hat diese sexuelle Freizügigkeit der Bohème später zu seinem anarchistischen Sexualprogramm erhoben, was ihn mit Gustav Landauer in tiefgreifenden Konflikt brachte: „Der einzig tiefgreifende Konflikt, den ich in den langen Jahren unserer Freundschaft mit Gustav Landauer hatte, betraf unsere weit auseinandergehende Auffassung über Ehe, Familie, geschlechtliche Ausdrücklichkeit, Eifersucht und Promiskuität (…). Landauer sah in der ehelich unterbauten Familie die Voraussetzung der „Ordnung durch Bünde der Freiwilligkeit", die nach seiner Definition Sinn der von uns beiden erstrebten anarchistischen Gesellschaft ist. Ich sah (…) in der Ehe (…) die Wurzel persönlichkeitsunterbindenden Zwanges, in der Einschätzung des monogamischen Lebens als Treue die Verfälschung sittlicher Grundbegriffe, in der Anerkennung der geschlechtlichen Eifersucht als berechtigte und zu Ansprüchen berechtigende Empfindung die Förderung schlimmster autoritärer Triebe und in der Gleichsetzung von Liebe und gegenseitiger Überwachung eine die Natur vergewaltigende tief freiheitswidrige und reaktionären Interessen dienende Sklavenmoral" (190). (Sklavenmoral übrigens nach Nietzsches Bezeichnung für christliche Moral.) Das klingt schon sehr nach Wilhelm Reich und dem Spruch der 68er: „Wer zweimal mit derselben pennt …". Auch die sexuelle Libertinage der Osho-Bewegung ist hier schon programmastisch vorweggenommen. Mühsam kann sich dabei literarisch auf Frank Wedekind berufen und ideologisch auf Otto Gross.

„Wedekinds Fanfaren für eine neue Sexualmoral fanden daher schon sehr frühzeitig in meinem ursprünglichen Empfinden stärksten Widerhall, obwohl der Radikalismus seiner Ideen kaum an die letzten sozialen Folgerungen der Bejahung des polygamischen Lebensrechts auch der Frauen vortastete" (190). Damit meinte er, was Franziska zu Reventlow vorlebte.

„Mehr noch als bei Wedekind fand ich meine Ansichten bei Karl Kraus in Wien bestätigt, in dessen Kreis freilich der revolutionäre Gedanke der Befreiung der Sexualität von jeder moralischen Norm in einer nicht immer vom Verhalten der gefeierten Individuen bestätigten Schwärmerei für die Genialität hetärischer Frauencharaktere verloren ging" (190). Damit war natürlich Annie Kalmar gemeint. Mühsam erkannte nur nicht, dass seine Worte auch auf sein idealisierendes Verhältnis zur Reventlow zutreffen. „Die allgemeinen Aufstellungen des Psychoanalytikers Dr. Otto Groß über das Wesen der Eifersucht und den Zwangscharakter der Vaterschaftsfamilie kamen meinen Ideen darüber ganz nahe (…). Für mich selbst gehörte die Befreiung der Persönlichkeit von den gewaltigen Bindungen des Liebeslebens von jeher als organischer Bestandteil in das Programm der Befreiung der Menschheit von jedem knechtischen Druck (...)" (190). Als solche Übermenschen, die sich selbst, wie Nietzsche es lehrte, die Gesetze ihres Verhaltens nach den Bedürfnissen ihres angeborenen Wesens gaben, nennt Mühsam Peter Hille, die Gräfin Reventlow und Friedrich von Schennis (191). Mühsam glaubt, dass das angeborene Wesen künstlerischer Menschen immer in Einklang mit der sozialen Gesamthaltung sei (192).

Zwischen den Jahren, über die Mühsam schreibt und der Abfassungszeit (1927) hat die Sexualmoral sich bereits so verändert, dass er sagen kann: „Aber ich glaube doch feststellen zu dürfen, dass die mit ganz unkonventioneller Moral gepflasterten Wege, die die Leser mit mir gegangen sind, heute nur noch von verknöcherten Frömmlern und Philistern als schlüpfrige Lasterpfade angesehen werden" (191). So gesehen hätte das sexuelle Verhalten der künstlerischen Avantgarde großen Einfluß auf das freie Sexualleben der Menschen genommen. Ich ergreife hier eindeutig Partei für den Mystiker Landauer und gegen den libertären Radikalsozialisten Mühsam. Bindungslosigkeit und sexuelle Promiskuität sind kein Wert. Im Gegenteil sind sie Ausdruck einer tiefen Störung im Verhältnis zu sich selbst und zu anderen. So sind denn auch Mühsams Erinnerungen geschönt und zensiert. Welche Rolle Drogen- und Alkoholexzesse, Diebstahl, Prostitution und die unvermeidlichen

Geschlechtskrankheiten in der Bohème spielten, wird aus seinen „Tagebüchern" deutlich.

2.3.2.   Mühsam, Erich: Tagebücher 1910-1924. Hirte (Hg.). München. 1994

Ders.: Unpolitische Erinnerungen. Aufbau. Berlin. 2003

Szittya, Emil: Das Kuriositäten-Kabinett. Konstanz. 1923

2.3.3.   Der "Sex-Guru" und Psychoanalytiker Otto Gross und seine "Psycho-Sekte"

2.3.3.0. Bezeichnungen

Natürlich bin ich mir bewusst, dass die Bezeichnungen „Sex-Guru" und „Psycho-Sekte" anachronistisch sind, da sie erst in den 70er Jahren aufkamen. Aber das, was man heute darunter landläufig versteht, ist genau das, was Gross und seine Jünger damals waren. Den Beweis werde ich sogleich antreten.

2.3.3.1. Die Avantgarde identifiziert die PA mit Gross

G. hat das Bild der Psychoanalyse in der Avantgarde nachhaltig bestimmt. Freud wurde nur von einer intellektuellen Minderheit, vor allem von Schriftstellern, gelesen (Kafka, Brod, Werfel, Mann, Musil, Joyce etc.), die Maler und Tänzer und Anarchisten hingegen kannten häufig G. aus persönlichen Begegnungen und identifizierten die Psychoanalyse mit ihm und nicht mit Freud.

Dieses Faktum ist ebenso bedeutsam wie bislang unbeachtet geblieben.

2.3.3.2.   Biografischer Abriß

G. kam als Sohn des Begründers der modernen Kriminalistik Hans Gross zur Welt. Der Vater hat die Tatortanalyse erfunden, eine Methode, die führende Kriminalpsychologen wie Thomas Müller heute noch in allerdings sehr vervollkommneter und innovierter Form anwenden. Söhne berühmter Männer zeigen oft eine Form der ödipalen Auflehnung, die in Selbstzerstörung oder anderem Scheitern endet. Zunächst schien der einzige, von der Mutter extrem verwöhnte Sohn, der bis zur Adoleszenz im Schlafzimmer der Eltern schlief und deren Koitus hautnah miterlebte, außer in praktischen Dingen (ein Gebiet, auf dem er nahezu hilflos blieb), sich geistig sehr gut zu entwickeln. Er studierte Medizin, promovierte 1899, war 1900 als Schiffsarzt tätig, konsumierte in dieser Berufsrolle ihm zugängliche Drogen (ähnlich wie Trakl) und wurde rasch drogensüchtig. 1902 absolvierte er seinen ersten Entzug auf dem Burghölzli. Die Eltern rieten dem Sohn, der häufig wechselnde Sexualpartnerinnen hatte, zur Ehe, die er 1903 mit Frieda Schlaffer einging, was aber an seinem Sexualverhalten nichts änderte. 1905 hielt G. sich auf dem Monte Verità bei Ascona auf. Dort verhalf der durch Selbststudium zum

Psychoanalytiker avancierte G. seiner Patientin und Geliebten Lotte Chattemer zum Suizid. 1907 lebte er in der Münchener Bohème. Zu dieser Zeit analysierte er zahlreiche Künstler und Anarchisten, darunter die Reventlow und Erich Mühsam. 1907 kamen sein ehelicher Sohn und wenig später sein erster unehelicher Sohn mit Else Jaffé zur Welt. Zeitgleich hatte er auch Geschlechtsverkehr mit der Schwester von Else, der verheirateten Frieda Weekley, geborene von Richthofen, spätere Frau von D.H. Lawrence. Grundsätzlich hatte G. mit allen Frauen, die seine Patientinnen waren, Sex und er analysierte alle Frauen, mit denen er Sex hatte. Auf dem Psychiater-Kongreß in Amsterdam verteidigte G. öffentlich die Lehre Freuds und lernte C. G. Jung kennen. 1908 unterzog sich G. einem zweiten Entzug im Burghölzli und einer Analyse bei C.G. Jung. Beides misslang. G. aber hielt sich für geheilt. Er floh über die Gartenmauer der Klinik und bat Jung brieflich, seine Hotelrechnung zu begleichen!

1910 zog er mit Sophie Benz nach Ascona, wo die anarchistische Gross-Gruppe, die sich inzwischen gebildet hatte, in einem angemieteten Stall Sexorgien und Drogenparties abhielt. Die psychotisch gewordene Sophie Benz verübte 1911 Suizid mit Gift, das G. ihr beschafft hatte. G. suchte Zuflucht in einer Heilanstalt in Mendrisio. 1912 wurde er steckbrieflich gesucht. Sein berühmter Vater rettete ihn mehrfach vor Strafverfolgung. 1913 schloß sich G. in Berlin der „Aktion" von Pfemfert an. Mit Ludwig Rubiner lieferte er sich einen öffentlichen Streit über den gesellschaftlichen und therapeutischen Wert der Psychoanalyse. Als Anarchist verhaftet, wurde er nach Österreich abgeschoben und auf Intervention des verzweifelten Vaters hin in Tulln psychiatrisch interniert. Sein Patient und Intimus Mühsam und Pfemfert versuchten durch eine Publikationsaktion G. aus der Psychiatrie freizubekommen. Zahlreiche Avantgardisten unterstützten namentlich den Aufruf. Fachärztliche Gutachten stellten bei G. eine Psychose fest. 1914 Verlegung nach Troppau. Nach seiner Entlassung absolvierte er eine analytische Behandlung in Bad Ischl bei Wilhelm Stekel, der ihn nicht als psychotisch, sondern als unheilbar drogensüchtigen Neurotiker ansah. 1915 starb der Vater, womit der Untergang des Otto G. unaufhaltsam wurde.

G. arbeitete, sofern es sein psychischer Zustand zuließ, als Assistenzarzt im Lazarett. 1916 erneuter Drogenentzug. 1917 Umwandlung der Entmündigung wegen Psychose in Teilentmündigung wegen Drogensucht. In Wien lebte G. in einer Kommune, in der jeder mit jeder schlief. Seine Frauen versorgten ihn mit Drogen. In Berlin wurde er 1920 abgemagert und unter Entzugsdelir leidend hilflos aufgefunden und starb im Krankenhaus an einer

Lungenentzündung. Er wurde versehentlich – obwohl Nicht-Jude – auf dem jüdischen Friedhof beigesetzt.

―――――――――

2.3.3.2. Hurwitz, Emanuel: Otto Gross. Paradies-Sucher zwischen Freud und Jung. Suhrkamp. Frankfurt/M. 1988

2.3.3.3. Gross` großer Bekanntheitsgrad in der Avantgarde

Dieser Mann hat das Bild der Psychoanalyse in der Avantgarde um 1910 entscheidend und fast konkurrenzlos geprägt. Er war der Multiplikator psychoanalytischer Lehren und therapeutischer Anwendungen in der Avantgarde. Die Reihe derer, die gegen die Internierung von G. in einer Sondernummer der „Revolution" namentlich protestierten, liest sich wie ein „Who is Who" der Avantgarde: Sein geistiger Kontrahent Ludwig Rubiner (der engste Freund Marc Chagalls), der Dichter Blaise Cendrars (der ein Riesen-Gedicht über seine sibirische Reise mit seiner Prosti-tuierten-Geliebten geschrieben hatte, das Sonja Delaunay illust-rierte), die Delaunays, seine Patientin und Geschlechtspartnerin Franziska zu Reventlow, sein Patient und Freund Erich Mühsam (der in einem Brief vom 28.9.1907 an Freud G. als Analytiker in höchsten Tönen pries (Eissler, 1983, 284) und sich als in drei Wochen geheilt bezeichnete), der Dichter Johannes R. Becher (auf dessen – durch G. vermittelte – psychoanalytische Inhalte schon Stekel im Zentralblatt aufmerksam gemacht hat), Jakob van Hoddis (der das berühmteste aller Expressionisten-Gedichte schrieb: „Weltende"), Else Lasker-Schüler, Rene Schickele, Peter Baum (ein esoterischer Dichter aus der NG), Erich Unger, Peter Hülsenbeck, Alfred Lichtenstein etc. Alle engagierten sich für G. in seinem Kampf gegen die vermeintlich so böse Staatsgewalt und den vermeintlich so bösen Vater. Das bedeutet nicht, dass alle diese Anhänger der Lehre von G. waren. Aber alle setzten sich mit G. und der durch ihn propagierten PA auseinander.

2.3.3.3.   Eissler, a.a.O.

2.3.3.4.   Literarische Schilderungen von Gross

2.3.3.4.0.   Einführung

Obwohl man Jungs von Hurwitz aufgefundene aufschlussreiche Krankengeschichte kennt und detaillierte Angaben Jungs über seine Behandlung im Briefwechsel mit Freud findet – beides erweckt im heutigen Leser den Eindruck des Vorliegens einer schweren narzisstischen Persönlichkeitsstörung auf Borderline-Niveau (nach Kernberg) im Gegensatz zu Jungs Diagnose einer „Dementia praecox" -, so sind doch vor allem hier auch die

Schilderungen von Schriftstellern interessant, die G. in ihren Werken oder Briefen literarisch „verewigt" haben.

2.3.3.4.1. Kafkas Brief an Milena

Ich stelle dieses literarische Zeugnis ausführlich vor, weil es aus verschiedenen Gründen hochinteressant ist. Erstens kommt bei es Hurwitz nicht vor. Zweitens stimmt es mit anderen Zeugnissen, die wir über G. haben, hochgradig überein und drittens übertrifft es die Schilderungen anderer, die G. weitaus intensiver kannten, durch die besondere Fähigkeit Kafkas zu beobachten und das Beobachtete präzise und knapp wiederzugeben. Milena hat Gross vom Café Central her gekannt und über den Tod von G. an Kafka berichtet. Dieser antwortete: „Otto Groß habe ich kaum gekannt; dass hier aber etwas Wesentliches war, das wenigstens die Hand aus dem „Lächerlichen" hinausstreckte, habe ich gemerkt" (Kafka, 78).

K. sah beides an G., das „Lächerliche" und das „Wesentliche". „Die ratlose Stimmung seiner Freunde und Verwandten (Frau, Schwager, selbst noch der rätselhaft schweigende Säugling zwischen den Reisetaschen – er sollte nicht aus dem Bett fallen, wenn er alleine war – der schwarzen Kaffee trank, Obst aß, alles aß, was man wollte) erinnerte in etwas an die Stimmung der Anhänger Christi, als sie unter dem Angenagelten standen" (78). K. bezieht sich auf eine gemeinsame Fahrt im Nachtzug Anfang Juli 1917 von Wien nach Prag. In wenigen Worten wird eine groteske Szenerie entworfen. Da ist ein gescheiterter, gekreuzigter Erlöser und seine Jünger wirken ratlos und depressiv. Auch der in bizarrer Weise von Vater und Mutter unempathisch fehlbehandelte Säugling wirkt depressiv und schluckt alles resigniert. Darüber vermag auch der Lärm nicht hinwegzutäuschen, den G.s Schwager Anton Kuh die halbe Nacht veranstaltet. G.s Frau „lehnte in einer Ecke im Schmutz – wir alle hatten nur Plätze auf dem Korridor – und schlief (äußerst, aber ohne sichtbaren Erfolg von Groß behütet)" (79).

G. zeigt das Verhalten von Menschen ohne Fähigkeit zur Empathie: Er „behütet" seine Frau, die schlafend seine Hut gar nicht brauchen kann, aber er lässt sie im Schmutz liegen, tut also das nicht, was sie nötig hätte. Und in dieser Szenerie redet G. in einem manischen Redeschwall fast unaufhörlich auf K. ein: „Groß aber erzählte mir etwas fast die ganze Nacht (bis auf kleinere Unterbrechungen, während welcher er sehr wahrscheinlich Einspritzungen machte) wenigstens schien es mir so, denn ich verstand eigentlich nicht das Geringste. Er erläuterte seine Lehre an einer Bibelstelle, die ich nicht kannte, aber aus Feigheit und Müdigkeit sagte ich es nicht: Unaufhörlich zerlegte er diese

Stelle, unaufhörlich brachte er neues Material, unaufhörlich verlangte er meine Zustimmung. Ich nickte mechanisch, während er mir fast vor den Augen verging.

Übrigens glaube ich, dass ich es auch bei wachem Verstande nicht begriffen hätte (…)." (79).[1]

Die Bibelstelle, um die G.s Ausführungen kreisten, handelt von der Niederlage der babylonischen Fruchtbarkeitsgöttin Astarte gegenüber dem jüdischen Vatergott Jahwe (Eissler, 1983, 205). Hätte Astarte gesiegt und nicht der Moloch Jahwe, dann würden wir in einer sexuell freien, gesunden Kultur der Promiskuität leben. G. wollte in seinen Kommunen die Entfesselung der polymorph-perversen Sexualität im dionysischen Drogenrausch verwirklichen und von dort aus die gesamte Gesellschaft revolutionieren.

---

[1] Das endlose Monologisieren und den völligen Mangel an Empathie sowie das grandiose Selbst hat Gross mit Hitler gemein, von dem Amery schreibt: „Zeugen berichten, dass er im Wiener Männerheim, in der Zeit seiner absoluten Lebensunfähigkeit, die Zimmergenossen bis in die Morgenstunden mit der Wiedergabe frisch angelesener oder angehörter Meinungen traktierte und sie, wenn sie sich auf ihr Schlafbedürfnis beriefen, anfuhr: „Das interessiert dich wohl nicht?"" (Amery, 54). Auch bei den „Tischgesprächen" auf dem Obersalzberg redete nur einer: Hitler. (Das endlose Monologisieren war auch Madame Blavatsky, Stefan George, Rudolf Steiner, C.G. Jung, Osho gegeben – es ist ein Merkmal des grandiosen Selbst. Vgl. 5.)
Carl Amery: Hitler als Vorläufer. Luchterhand. München. 1998

2.3.3.4.2. Weitere Schilderungen

Ein weiteres Porträt von Gross findet sich z.B. bei Becher, wo er in „Abschied" als koksender Analytiker auftritt. In Ottens „Wurzeln" fallen unter Dr. Othmars mutueller Analyse alle Hemmungen. Frank, der einer seiner ergebensten Jünger war, bezeichnet „Doktor Wenz" als Anhänger Nietzsches und Anhänger Freuds, dessen Behandlungsweise erforderte, dass die Sexualkomplexe der Frauen „nicht nur analysiert, sondern auch tapfer im Bett abreagiert werden müßten" (Hurwitz, 121).

F. Jung, der auch das Schicksal von Sophie Benz romanhaft beschrieb, wusste, dass er G. verfallen war: Es war „das Bedürfnis zu glauben und zu verehren, aufzunehmen und zu verarbeiten, was er uns ständig einhämmerte. Für Gross selbst war ich vielleicht nicht viel mehr als eine Figur auf dem Schachbrett (…)" (122). In seinem Roman „Barbara oder die Frömmigkeit" stellte Werfel G.s fixe Idee klar heraus: „Der Mann vergewaltigt das Weib, das sich rächt, indem es ihn der Freiheit beraubt" (127). Das ist genau der Inhalt, den Kokoschka seinem Stück „Mörder, Hoffnung der Frauen" gab.

Es kann als sicher angenommen werden, dass Kokoschka und Gross sich persönlich kannten. Werfel charakterisiert G. sehr gut: Er haßte Moses, die Propheten, Sokrates, Platon (…). Er sah in diesen Männern höllische Dämonen, die dem Vergewaltigungstrieb und Machtgedanken die Moral geliefert hatten: Vaterverehrung, Monotheismus, Monogamie (...)" (127). Von Werfel erfahren wir auch den genauen Inhalt der Bibelstelle, über die G. zu Kafka im Zug monologisierte: „Die Geschichte von Ahab und Jesabel ging ihm besonders nahe. Er verstieg sich sogar zu der Behauptung, dass vielleicht die Weltgeschichte einen anderen Verlauf genommen hätte, wenn die babylonische Prinzessin Jesabel nicht von den unappetitlichen Propheten besiegt und den Hunden vorgeworfen worden wäre. Jesabel, das war das schöne Babylon (...), triebbejahend. Wer weiß, wie das Antlitz der Zeit heute aussähe, wenn Babylon, wenn Jesabel, wenn Astaroth nicht dem Gott Israels unterlegen wäre, der die Machtbessesenheit und die Triebbekämpfung vorstellt (...)" (128). Werfel hat G. gezeigt wie er war: Inmitten einer Orgie, die im Gang-Bang (Pornojargon für: eine Gruppe von Männern koitiert eine Frau) einer hilflosen berauschten Frau endet, hält G. Monologe über Christentum und falsche Moral. Ob die Frau nebenan zu Tode kommt, ist ihm so fern, dass er daran gar nicht zu denken vermag.

Werfel lässt G. davon träumen, ganz Wien in die Luft zu jagen (130). Max Brod schildert ihn als Diktator „Doktor Askonas", der seine Sekte „Liberia" zugrunde richtet (130).

Eine eher humoristische Schilderung von G. findet sich – wiederum von Hurwitz unbemerkt – bei Lawrence in „Mr. Noon". Er kannte G. nicht persönlich, erfuhr aber über seine Frau Frieda von Richthofen, dessen sexueller Erwecker G. gewesen war, einiges über ihn: „Oh, er war ein Genie – ein Genie in der Liebe (…). Und außerdem brachte er einen dazu, sich so frei zu fühlen. Er war beinahe der erste Psychoanalytiker (…) und viel, viel brillianter als Freud (…). Aber Eberhard war spirituell – er mag dämonisch gewesen sein, aber er war spirituell. Was Freud nicht ist, meinen Sie nicht?" (186). „Er brachte mich dazu, zu erkennen, daß die Ehe und all diese Dinge auf Angst basieren (…)" (187). „Er nahm Drogen. Und er schlief nie (…). Und er ließ einen selbst nicht schlafen. Und er redete mit einem, während er einen liebte. Er war wunderbar, aber er war schrecklich. – Er hätte mich wahnsinnig gemacht" (186).

2.3.3.4.1. Kafka, Franz: Briefe an Milena. Born, J. (Hg.). Büchergilde Gutenberg. 1983

Lawrence, D.H.: Mr. Noon. Diogenes. Zürich. 1993

Hurwitz, a.a.O.

2.3.3.5. Wie der „Befreier der Frauen" mit Frauen umging

Das letzte Zitat zeigt, dass selbst eine Frau wie Frieda Richthofen, die G. als ihren sexuellen Erwecker bezeichnete, sein ständiges Monologisieren und Analysieren als unerträgliche Qual empfand. G. quälte andere Menschen, indem er vorgab, sie zu analysieren. Auf ihn trifft das Wort von Kraus zu, dass die Psychoanalyse selbst die Krankheit sei, die sie zu heilen vorgebe. Wie Tausk und Wedekind zeigte G. ein destruktives Verhalten insbesondere gegenüber Frauen. Wenn man die Methode seines Vaters auf ihn anwendet, entdeckt man ein klares Muster, eine Handschrift des Täters: Er erringt das Vertrauen hilfsbedürftiger, psychisch meist schwer gestörter Frauen, benutzt sie für seine sexuellen und therapeutischen Experimente, die diesen Frauen nicht helfen, vielmehr ihnen schaden und sie noch hilfloser abhängig machen, dann liefert er ihnen das Rauschgift, mit dem sie ihrem Leben ein Ende setzen. Das hat sich nachweislich in zwei Fällen so ereignet (Chattemer, Benz) und ist für weitere Fälle, die keine juristischen Ermittlungen auslösten, von verschiedener Seite behauptet worden. Interessant ist im Hinblick auf das zerstörerische Muster der Fall der Dichterin Regina Ullmann. Er hatte sie nach seiner Methode gleichzeitig analysiert, koitiert und (unbeabsichtigt) geschwängert. Als sie schwanger war und darüber ziemlich verzweifelt, beschaffte er Gift und hinterließ es so, dass die

Verzweifelte es auffinden und als Aufforderung zum Suizid verstehen musste. So jedenfalls hat es Ullmann interpretiert, die sich nicht suizidierte, sondern ihr nicht einfaches Leben tapfer ertrug (Eissler, 1983, 189). Ullmann war später mit Rilke befreundet, der sie nach Kräften förderte und unterstützte (Decker, 168).

2.3.3.5.   Eissler, 1983, a.a.O.

Decker, Gunnar: Rilkes Frauen. Reclam. Leipzig. 2004

2.3.3.6.   Gross findet Widerspruch bei Gustav Landauer und Max Weber

2.3.3.6.0.   Einführung

Natürlich gab es ethisch verantwortlich denkende Zeitgenossen, die die Aktivitäten des Dr. Gross und seine Ideen kritisierten.

2.3.3.6.1.   Gustav Landauer

Das Bild, das sich Landauer von der Psychoanalyse machen konnte, war von G.s Fehlverhalten bestimmt. L. sprach von „verbrecherischen und wahnsinnigen Psychoanalysen" (Hurwitz, 88). Er hatte schon G.s Freund Mühsam heftig widersprochen, als dieser den sexuellen Immoralismus predigte.

Über G. schrieb L.: „es ist nicht zu entscheiden, ob er aus Wahnsinn zur Psychoanalyse oder aus Psychoanalyse zum Wahnsinn kam" (88). L. kritisierte G.s Versuch eine seiner Patientinnen und Geliebten, die 19jährige Elisabeth Lang, die von ihrem Vater, dem Bildhauer Hermann Lang in die Psychiatrie gebracht worden war, durch öffentlichen Protest in der Zeitschrift „Zukunft" zu „befreien" (1908). G. wollte damals in seinem Größenwahn sogar Kraepelin wegen Unkenntnis der Psychoanalyse vor Gericht ziehen und konnte von Jones nur mit Mühe davon abgebracht werden (89).

2.3.3.6.1. Hurwitz, a.a..O.

2.3.3.6.2. Max Weber

G. schickte W. einen Aufsatz zur Sexualethik zu, den dieser zu publizieren ablehnte mit der Argumentation, dass, wer ein Ausagieren aller sexueller Impulse predige, weil sonst Neurose drohe, weder Philosoph noch Moralist sei. Das Thema war natürlich durch Freuds Schrift zur „modernen Nervosität" aktuell. Weber würdigte zwar den Wert von Freuds Psychoanalyse, kritisierte aber G.s Vermengung dieser mit Weltanschauung. Er wolle keine Predigt, erst recht keine schlechte drucken (Hurwitz, 105). (Pikanterweise hatte W. später mit Else Jaffé ein Verhältnis.)

2.3.3.6.2. Hurwitz, a.a.O.

2.3.3.7.   Was predigte Gross?

Schon Jung hatte über Gross an Freud geschrieben: „Dr. Groß hat mir gesagt, er habe die Übertragung auf den Arzt gleich wieder weg, da er die Leute zu Sexualimmoralisten mache. Die Übertragung auf den Arzt und ihre anhaltende Fixation sei nur Monogamiesymbol und mache darum als Verdrängungssymbol Symptom. Der wahrhaft gesunde Zustand für den Neurotiker sei die sexuelle Immoralität" (McGuire, 99f.). Von dieser Idee des Otto G. war Jung so angetan, dass er freudestrahlend bei Sabina Spielrein (vgl. 2.4.1.) erschien und ihr eröffnete, er habe die Lösung gefunden durch Otto Groß und die laute in ihrer beider Fall: Polygamie! Auch die Jungschen Pläne einer „dionysischen Religion" von 1910 (vgl. 3.3.2.) zeigen die Spuren von G.s Ideen. Natürlich war G. Nietzscheaner. In seiner Schrift „Die Einwirkung der Allgemeinheit auf das Individuum" greift G. auf Nietzsche zurück, der die Züchtung des Übermenschen propagierte. In der christlichen Sklavenmoral würden gerade die Stärksten, Gesündesten, machtwilligsten Menschen negativ ausgelesen, was zum Niedergang der Rasse führe (Hurwitz, 106). Außerdem werde das gesunde Individuum durch das „Trauma des Konflikts" beschädigt. Denn: Sexualität und Aggression wirken, wo sie unterdrückt werden, pathogen. Den zentralen Kindheitskonflikt sieht G. in dem Konflikt zwischen den Trieben „mit der ins eigene Innere einge-

drungenen Autorität" (91). Das ist lange vor Freuds Strukturmo-
dell geschrieben und ziemlich innovativ. Der Konflikt bestünde
zwischen dem Eigenen und dem Fremden, zwischen Triebwunsch
und aufgezwungener Moral. G.s Lösung lautet: Abschaffung der
Moral, Vernichtung des „Introjekts". (Dass das nicht geht, ist
heute allen psychoanalytisch Tätigen klar, war es damals aber
nicht.) Weil die Familie für G. der „Herd aller Autorität" ist, will
er die Familie zerstören, in dem er gegen den Vater, das Vater-
recht und die Monogamie kämpft. Biografisch-genetisch gesehen
hat G. seinen Vaterkonflikt als Kampf gegen ein verfolgendes
Vater-Introjekt ausgetragen und diesen persönlichen Kampf als
Befreiungsweg für die Menschheit missverstanden. Ludwig Rubiner entgegnete in der „Aktion", die PA wirke nur bei Frauen
und Impressionisten (was soviel hieß wie „Kastraten"). G. antwortete, er habe seine Ideen in Salzburg vorgetragen, worauf ihm
Freud gesagt habe „Wir sind Ärzte und wollen Ärzte bleiben"
(94). Er aber predige „freie Liebe" als Voraussetzung des „freien
Geistes" (95). Darauf Rubiner: „Die kleine Psychoanalyse ist nur
ein harmloses Lämmerhüpfen" (98). Er und neben ihm Albert
Einstein (der damals in Berlin gute Kontakte zu Künstlern um
Paul Cassirer und Tilla Durieux hatte) verträten dagegen die „ab-
solute Existenz des Geistigen" (98).

G. wiederholte daraufhin seine These, dass „als Folge der bestehenden, autoritativen Institutionen derzeit jeder Mensch krank sein muß und zwar besonders tief der wertvolle Mensch in Folge und im Maße seiner Werte" (100). Damit meinte er in erster Linie sich selbst. Die Kunst könne nur „Blitzlichter" setzen, die den Abgrund sichtbar werden ließen. „Wir wollen mehr: die Überwindung der Einsamkeit (…) und (…) Neuerrichtung menschlicher Beziehungen auf einer gänzlich neuen Basis (…)" (101). „Es ist die Frage nach der Menschheitspsychose (…) auf die zu antworten wir uns für berufen halten" (101). Die Monogamie müsse, wie alle Familie, zertrümmert werden. Nicht in der Bindung an eine Person sei die Überwindung der Einsamkeit möglich, sondern nur durch freien, apersonalen Sex (108). Hier spricht der bindungsunfähige, liebesunfähige Borderliner als Prophet. Jeder Perverse preist seine Perversion den Nicht-Perversen als das Höchste an. Aber das Programm von Otto G. war, so kann man in der Rückschau erkennen, antizipatorisch. Es nahm die Kernideologie der 68er vorweg, auch zentrale Aussagen der Antipsychiatrie, als deren Prophet G. gelten kann.

Historisch gesehen waren die Utopien von Mühsam und Gross in Deutschland schon durch die verschiedenen mittelalterlichen und reformationszeitlichen Wiedertäufer-Gruppen vorweggenommen worden, von denen alle die Abschaffung des Eigentums und einige auch freie Liebe forderten, den Staat ablehnten und das Ende der bisherigen Welt durch eine universelle Katastrophe herbeisehnten (Fest, 62). Thomas Münzer wurde von Engels, die aufrührerischen Bauern von Alfred Rosenberg gefeiert, so dass sowohl die Bolschewisten als auch die Nazis in ihnen ihre Vorläufer sehen konnten.

Joachim Fest schreibt: „Mit dem Sozialismus ist, nach dem Nationalsozialismus der andere machtvolle Utopieversuch des Jahrhunderts gescheitert. Was damit endet, ist der mehr als zweihundert Jahre alte Glaube, dass sich die Welt nach einem ausgedachten Plane von Grund auf ändern lasse. Zersprungen sind all die scharfsinnigen Träume über die Menschheitszukunft, die aus der Welt ein riesiges Schlachthaus gemacht haben" (Fest, 81).

2.3.3.7. Fest, Joachim: Der zerstörte Traum. Siedler. Berlin. 1993

Freud, S.-C.G. Jung: Briefwechsel. McGuire (Hg.). Fischer. Frankfurt/M. 1974

Hurwitz, a.a.O.

2.3.4. Herbert Öczeret (1884–1948)

Man könnte Ö. als den geistigen kleinen Bruder von Gross ansehen. Ö. trieb es ähnlich wie G., nur in kleinerem Maßstab und ohne wissenschaftliche Rationalisierung seines Tuns. Er hatte als Psychiater und Jung-Schüler einen Kreis von jungen Patientinnen und Patienten um sich geschart, die er in Einzelanalysen und Gruppentherapie behandelte. Zentrum des Kreises war der Geschäftsmann Wladimir Rosenbaum, der mit seiner Frau, der Künstlerin Aline eine Zentralfigur der Dada-Bewegung in Zürich wurde. Ö. versuchte mit allen weiblichen Mitgliedern des Patientenkreises Sex zu haben, was ihm mit Aline aber misslang. Er infizierte andere Damen mit Gonorrhoe. Zugleich hielt er die Paare zum Partnertausch und Gruppensex an. Dass Jung sich 1917/18 mit seiner Patientin Toni Wolff in seinem Turm in Bollingen einschloß, erschien Ö. so abnorm, dass er sich fortan von seinem Meister distanzierte. Dr. Trüb, ebenfalls Jung-Schüler, stellte Ö. zur Rede und machte ihn auf das Kriminelle seines Tuns aufmerksam. Ö. beendete daraufhin seine Praxis und machte bei Adler eine Analyse. Er arbeitete später in verschiedenen Kliniken in der Schweiz. Aline ging zu Jung in Analyse, ihr Mann zunächst zu Dr. Trüb, dann später ebenfalls zu Jung. Rosenbaum lieferte an die Republikaner im Spanischen Bürgerkrieg Waffen. Als dies öffentlich wurde, wurde er zur persona non grata. (Er lieferte an die „falsche" Seite.) Jung forderte den gesellschaftlich Geächteten mit den Worten „Auch das verwundete Tier verkriecht sich, um zu verenden!" (Kamber, 226) zum Rückzug aus dem Psychologischen Club und zum Selbstmord auf. Rosenbaum sagte dazu später: „Ich vermute, dass Jung (....) den Selbstmord für die in diesem Falle adäquate Therapie hielt" (227). Jung machte es hier wie Otto Gross mit dem Unterschied, dass er seinem Patienten kein Gift dabei reichte.

2.3.4. Kamber, Peter: Geschichte zweier Leben. Wladimir Rosenbaum. Aline Valangin. Büchergilde Gutenberg. Frankfurt/M. 2002

2.4. Freuds Aufstellung der Abstinenzregel als Reaktion auf die sexuellen Verirrungen zwischen seinen Meisterschülern und ihren Lieblingspatientinnen

2.4.0. Einführung

Wie Freud in „Totem und Tabu" ausführte, gibt es nur dort ein Tabu, wo es auch den Drang gibt, das, was das Tabu verbietet, zu tun. Das gilt z.B. für den Inzest. An sich war der sexuelle Verkehr zwischen Arzt und Patientin schon seit dem Hippokratischen Eid, der einen entsprechenden Passus enthält, also seit mehr als 2000 Jahren tabuiert. Doch die Intimität, die in der neuen Psychotherapie, die Breuer und Freud erfunden hatten, zwangsläufig entstand, führte zu einer Versuchungssituation für den Analytiker, der sich selbst die Meisterschüler Freuds, die unter seiner – allerdings sehr weitmaschigen – Anleitung, heute würde man sagen „Supervision", arbeiteten, nicht gewachsen zeigten. Freud sah sich durch die Verletzungen des Hippokratischen Eides, derer sich Jung und Ferenczi schuldig machten, gezwungen, das Tabu der Abstinenz in der Psychoanalyse zu errichten. Er hätte dies nicht getan, wenn es nicht nötig geworden wäre. In der historischen Rückschau hat sich dieses Tabu als die technisch wichtigste Behandlungsregel der Psychoanalyse erwiesen, weitaus wichtiger als die Regel der freien Assoziation, die heute (wenn überhaupt noch) nur in der Standardtechnik angewandt wird (da die meisten heutigen Patienten nicht zur freien Assoziation fähig sind). Eigenartig genug war es die Abstinenzregel, die zunächst auch die Psychoanalyse von anderen therapeutischen Verfahren vornehmlich unterschied: Ähnlich wie Otto Gross, der den Sex auf der Couch ja zum Therapeutikum erklärte, sah auch der ehemalige Psychoanalytiker Fritz Perls kein Problem darin, mit seinen Patientinnen sexuell zu verkehren. Der für seine Quickies (10 Minuten-Analysen) bekannte Lacan suchte für seine Tochter eine Analytikerin aus, mit der er ein heimliches Verhältnis hatte und ließ sich bei der Zigarette danach über den Gang und Inhalt der Analyse seiner Tochter informieren. Diese Perfidie ist kaum zu überbieten. (Die Tochter roch schließlich den Braten und wechselte die Analytikerin nach mehreren verlorenen Jahren. Erst die zweite Analyse glückte.) Die offizielle Lacan-Geschichtsschreibung (Roudinesco) ignoriert oder bagatellisiert seine zügellose Promiskuität. Gelegentlich hört man auch heute noch von (nichtanalytischen) Kollegen, sie sähen das mit der Abstinenz nicht so "eng".

Obwohl die sexuelle Liberalisierung in der Gesellschaft seit 1968 starke Fortschritte gemacht hat, hat der Gesetzgeber in Deutschland in zwei Bereichen mit einer Verschärfung der Sexualgesetzgebung reagiert: 1. dem Gebiet des Kindesmißbrauchs und der Kinderpornografie und 2. dem Gebiet des Sexualverkehrs zwischen Psychotherapeuten und Patienten. Letzterer wurde wie ersterer generell und ohne Einschränkung unter Strafe gestellt. Dass dieses Gesetz nötig war, zeigt wie groß das Bedürfnis nach sexueller Befriedigung auf beiden Seiten, der Arzt- wie der Patientenseite ist. Dadurch hat der Gesetzgeber den Hippokratischen Eid wiederhergestellt und die Position Freuds anerkannt und sich zu eigen gemacht, dass Psychotherapie und Geschlechtsverkehr nicht zusammengehen und sich wechselseitig ausschließen.

2.4.0.   Lacan, Sibylle: Ein Vater. Suhrkamp. Frankfurt/M. 2000

Roudinesco, Elisabeth: Jacques Lacan. Fischer. Frankfurt/M. 1999

2.4.1.   Sabina Spielrein (1885–1942) und C.G. Jung

Die Geschichte der 1885 in Rostow als Tochter reicher Eltern geborenen Psychoanalytikerin, die 1942 mit ihren Töchtern von deutschen Einsatzgruppen oder SS ermordet wurde, ist durch mehrere Buchveröffentlichungen und einen Film so bekannt, dass ich mich hier auf wenige themenrelevante Informationen beschränken kann.

S. dekompensierte 1904 während ihres Medizinstudiums in Zürich und wurde von C.G. Jung im Burghölzli und danach ambulant analytisch behandelt – mit großem Erfolg. Die „hysterische Psychose" wandelte sich in eine gewöhnliche Neurose um, so scheint es. Sie war Jungs erster Fall, den er mit Psychoanalyse behandelte. Die erfolgreiche Behandlung stellte er in Amsterdam vor, wo Jung Otto Gross, der dort ebenfalls als Verteidiger der Psychoanalyse auftrat, persönlich kennenlernte. Die Behandlung wurde einige Jahre über die Entlassung aus der stationären Therapie 1905 hinaus fortgesetzt. Die Patientin verliebte sich in ihren Arzt und das tat offensichtlich auch Jung. Der verheiratete Jung war der aktive Part, er versuchte sie – unter anderem mit Berufung auf die Ideen von Otto Gross – zum Geschlechtsverkehr zu überreden. Er schlug ihr vor, ein bigames Verhältnis mit Duldung seiner Frau einzugehen. S. hatte bis dahin Umarmungen, Zungenküsse (ihre ersten überhaupt) und Petting zugelassen, aber sie wollte sich nicht ohne Aussicht auf Heirat ihre Jungfernschaft rauben lassen. Andererseits träumte sie in einer an religiösen Wahn grenzenden Weise davon, mit Jung als Arier (und sie als Jüdin) den künftigen Welterlöser, einen arisch-jüdischen Messias, genannt „Siegfried" zu zeugen und zur Welt zu bringen. In ihrer seelischen Not, ihren verheirateten Analytiker zu lieben, von diesem zum Geschlechtsverkehr gedrängt zu werden, dies einerseits zu wünschen, andererseits es ohne Aussicht auf Heirat auch nicht zu wollen und in der Angst, Jung, den sie ja liebte, zu verlieren, wandte sie sich brieflich an Freud, von dem sie wusste, dass er Jungs Mentor war (20.05.09). Von Freud um Aufklärung gebeten, stellte Jung S. als geiles Weib dar, das ihm einen wüsten Skandal mache „ausschließlich deshalb, weil ich auf das Vergnügen verzichtete, ihr ein Kind zu zeugen" (133J). Das war eine Verkehrung ins Gegenteil! Freud glaubte zunächst seinem Freund und forderte S. auf, die Sache ohne Aufsehen „endopsychisch" zu erledigen. Jung hat übrigens Freud gegenüber nie davon gesprochen, dass er sich in S. verliebt habe, wie es, wie wir sehen werden, bei Ferenczi der Fall war. Man hat eher den Eindruck, dass er S. entjungfern wollte und eben ein heimliches oder offen bigames Verhältnis mit ihr suchte. Gegenüber Freud stellte er es infamer Weise so dar: „Sie hatte es natürlich planmäßig auf meine Verführung abgesehen, was ich für inopportun hielt. Nun sorgt sie für Rache" (133J). Er stellt sich als den heiligen Johannes und S. als die geile Salome dar. Freud glaubte ihm und schrieb an S., er glaube, dass Jung „leichtfertiger oder unedler Handlungsweise unfähig" (8.6.09) sei. Welch ein Irrtum! S. klärte Freud im nächsten Brief auf: „Sie meinen, dass ich mich an Sie wende, damit Sie zwischen mir und Dr. Jung Frieden stiften? Ja wir hatten aber gar keinen Streit! Mein heissester Wunsch ist, dass ich mich liebend von ihm trenne" (Carotenuto, 90). Im gleichen Brief gesteht sie auch ihre Tötungsimpulse gegenüber Jung (sie hat ihn tatsächlich einmal in einem psychischen Ausnahmezustand mit einem Messer verletzt und glaubte, ihn getötet zu haben) und vergleicht sich mit Judith und ihn mit Holofernes. Sie fasst in diesem reichhaltigen Brief ihre Geschichte mit Jung knapp zusammen: „Dr. Jung war vor 4 ½ Jahren mein Arzt, dann wurde er Freund und zum Schluss „Dichter" d.h. Geliebter. Er kam zuletzt zu mir und so gings wie's gewöhnlich bei der „Poesie" zugeht. Er predigte Polygamie, seine Frau sollte einverstanden sein etc. etc. Nun kriegt meine Mutter einen anonymen Brief, (…), sie solle ihre Tochter retten, da sie sonst durch Dr. Jung zu Grunde gerichtet wird" (92). Die Mutter hatte darauf Jung brieflich ermahnt, die Grenzen der Freundschaft nicht zu überschreiten. Jung hatte frech zurückgeschrieben, dass er, wenn sie ihm 10 Franken Honorar pro Stunde zahle, sich sexuell zurückhalten werde (92J). S. glaubte, dass Jung durch den Brief der Mutter „kalte Füße" bekam. Dabei hatte er sie zur „Poesie" (Sex) gedrängt. Es kam zu einer Aussprache zwischen S. und J. Danach erklärte J. in einem Brief, er gebe zu, seine eigenen sexuellen Impulse auf S. projiziert zu haben und sich als Opfer ihrer sexuellen Nachstellungen fälschlich gefühlt zu haben (241). Der Brief an die Mutter mit der unverschämten Honorarforderung sei eine „durch die Angst eingegebene Schufterei" gewesen (241).

Im Brief an Freud vom 20.06.1909 sagt S., dass Jung sie in der Übertragung mit seiner Mutter gleichgesetzt habe, sie ihn mit Bruder und Vater (104). Jung habe ihr gestanden, sich früher in ein schwarzes hysterisches Mädchen verliebt zu haben, das sich eine „Jüdin" nannte, aber keine Jüdin war. Gemeint ist Jungs Cousine Helene Preiswerk (vgl. 3.3.1.) Diese sei ihr Prototyp gewesen.

Hier müssen wir noch einmal die große Rolle, die Otto Gross für Jungs Verhalten spielte, hervorheben. S. schreibt in einem Tagebuchfragment, sie habe mit J. um die Zeit ihres Examens eine denkwürdige Begegnung gehabt. J. sei ihr freudestrahlend entgegengekommen und habe ihr „in tiefer Rührung von Gross" erzählt, „von der großen Erkenntnis, die ihm nun aufgegangen ist (d.h. wegen der Polygamie), er will nun nicht mehr sein Gefühl zu mir unterdrücken; er gestand mir, dass ich (seine Frau natürlich ausgenommen) seine erste tiefste Freundin bin etc." (107). Die Ideen von Gross wirkten auch auf Jungs Vorstellung einer dionysischen Religion ein, die er 1910 vor dem Nürnberger Kongreß Freud vorschlug (vgl. 3.3.2.).

Freud entschuldigte sich, durch J.s Geständnis klug geworden, bei S.: „Meinem Bedürfnis nach Achtung vor den Frauen entspricht es aber sehr, dass ich mich geirrt habe, und dass die Verfehlung dem Manne und nicht der Frau zur Last fällt, wie mein junger Freund selbst zugibt. Nehmen Sie den Ausdruck meiner vollen Sympathie für die würdige Art, wie Sie den Conflict gelöst haben" (117).

Von besonderer Bedeutung im Verhältnis zwischen S. und J. war die erwähnte fixe Idee, eine neue Religion durch die heilige Zeugung eines arisch-semitischen Welterlösers zu begründen.

„So war der Siegfried entstanden der den [sic!] größten Genie geben sollte, weil Dr. Jung als Götterabkömmling mir vorschwebte und ich von Kindheit an so eine Ahnung hatte, dass ich nicht für das alltägliche Leben bestimmt bin" (108). Man sieht, dass hier eine gewaltige idealisierende Übertragung (wie sie Kohut beschrieben hat) im Gange war. Jung als narzisstische Persönlichkeit ließ sich diese Größenideen gerne gefallen. S. war durch ihren Großvater, einen Rabbiner, mit solchen Größenideen als Kind geimpft worden. Hinzu kam, dass S. und J. beide davon überzeugt waren, über besondere Geistesgaben zu verfügen: „Ich konnte bei Dr. Jung in der Nähe und á Distance Gedanken lesen und er bei mir auch" (109). So wusste S., was der Prüfer sie im Examen fragen würde und hielt diese telepathische Leistung für ein „Wunder". S. wollte zur Lösung des „Siegfried"-Problems bei Freud eine Analyse machen. Freud lehnte ab und wollte erst der jungen Ehe von S. mit dem Arzt Scheftel, einem Juden, das Feld überlassen. In der Zwischenzeit war der Bruch zwischen Freud und Jung bereits eingetreten. Freud schrieb an S.: „Mein persönliches Verhältnis zu Ihrem germanischen Heros ist definitiv in die Brüche gegangen. Sein Benehmen war zu schlecht. Es hat sich an meinem Urteil über ihn viel geändert, seitdem ich jenen ersten

Brief von Ihnen erhielt" (122). Freud deutete S. ihren Wunsch, mit J. Siegfried zu zeugen als ödipalen Wunsch, vom Vater ein Kind zu haben (12.6.1914). Am 2.8.1919 berichtete er S., die ja Tausk und Lou von Salomé in ihrer Wiener Zeit sehr gut kennengelernt hatte, von Tausks Suizid. 1922 wollte S., dass Freud in eine Kontroverse mit Jung eingreife, aber F. lehnte es ab, den „psychoanalytischen Papst zu spielen" (12.6.22).

Auch mit J. korrespondierte S. über das Siegfried-Problem und wie es zu verstehen sei. Am 19.3.1919 warf J. ihr im unverkennbaren Guru-Ton vor, S. habe eine materialistische (Freudsche) Einstellung, die den Geist totschlage (221). Wenn sie nicht ihre (von J. geleitete) „Bahn" finde, könne es leicht bald für sie zu spät sein, „sonst sind Sie verflucht" (221). J. warnte S. davor, Siegfried nur als „Phantasie" zu nehmen und nicht als „göttliches Wesen". Sie solle dieses Wesen „in innerer Anbetung annehmen" (3.4.19). S. aber hatte sich bereits von J.s Religion der göttlichen Archetypen befreit. J., den Freud einmal als „heilig" und „brutal" bezeichnete, spricht als Guru, wenn er über Freud an S. bezüglich Siegfried schreibt: „Freuds Ansicht ist eine sündhafte Vergewaltigung des Heiligen. Sie verbreitet Finsternis nicht Licht; das muss geschehen, denn nur aus tiefer Nacht wird das neue Licht geboren. Ein Funke davon ist Siegfried. Dieser Funke soll nie verlöschen. Wenn Sie dieses verraten, so sind sie verflucht (…). Ich habe Ihnen ein neues Licht angezündet, das

Sie hüten sollen für die Zeit der Finsternis (…). Umgeben Sie dieses Licht mit Andacht, dann wird es sich nie in eine Gefahr für Ihre Töchterchen verwandeln. Wer aber dieses Licht an Macht oder an Klugheit verräth, der wird zum Schädling und hat böse Wirkung" (3.4.1919, 222f.). Wer diese Zeilen liest, erkennt wie wahr Nolls These ist, dass Jung nach dem Bruch mit Freud zum Sektenführer wurde und den Bruch mit der Wissenschaft vollzog. J. versuchte mit diesem Brief wieder einmal seine Expatientin, Exmitarbeiterin, Exgeliebte und Exjüngerin einer Gehirnwäsche zu unterziehen, er drohte mit Fluch und metaphysischer Verdammung und bezog sogar das ihr Liebste, ihre Kinder mit ein. Doch S. hatte längst den Dunstkreis der Jungschen Ideen verlassen. Aber für J. hatte die Beziehung zu S. eine sehr große Bedeutung. Sie habe ihm die schicksalsbestimmende Macht des Unbewußten bewusst gemacht, „die ihn später zu den allerwichtigsten Dingen führte" (223). Damit meint er, dass S. für ihn die erste Anima-Figur wurde, die er als solche erkannte. Die zweite erkannte Anima-Figur war Toni Wolff. Sie war gefügiger als S. und mit ihr gelang es Jung das wahrzumachen, was ihm mit S. misslungen war: er machte seine Patientin zur Mitarbeiterin, Geliebten, seiner Analytikerin und offiziellen Zweitfrau, die von Emma Jung nolens volens ertragen wurde. J. hatte aus der Affaire mit S. nichts gelernt. Als Toni Wolff in sein Leben trat, begann das Ganze von vorne. J. redete sich mit der Macht der Anima, die ihn überwältigt habe, heraus „Was hätte man von mir erwarten können? – die Anima biß mich in die Stirn und wollte mich nicht mehr loslassen" (Bair, 354). Es wäre interessant, wie ein Richter heute auf diese Ausrede eines Psychotherapeuten, der das Abstinenzgebot brach, reagieren würde. Würde er sagen: „Ja, da kann man nichts machen, die Macht der Anima, ich verstehe, als Mann versteht man das, da ist man sozusagen unzurechnungsfähig!"? Aber Jung hatte ja auch in weiteren Fällen Sex mit Patientinnen aus der „Zürichberg-Pelzmantel-Brigade" wie Bair treffend die Schar der reichen Patientinnen/Verehrerinnen des großen Guru bezeichnet. Die Biografin hat bei ihren Recherchen von der Tochter einer dieser Damen Einblick in das Tagebuch der Mutter erhalten, die „in recht drastischen Einzelheiten mehrere „Behandlungssitzungen" in ihrem Haus" beschreibt, die mit Geschlechtsverkehr abgeschlossen wurden (Bair, 259 und 996, Fn 46).

War das etwa auch die „Macht der Anima"? Oder vielleicht doch eher die Macht des Sexualtriebes, die Jung nicht anerkennen wollte? Es ist doch interessant, wie sehr Jungs Verhalten dem Gleichnis von Itzig, dem Sonntagsreiter, gleicht, das Freud vorstellt, um die relative Ohnmacht des Ich gegenüber dem Es zu demonstrieren. Itzig wird auf dem Rücken eines eigenwilligen Pferdes angetroffen und gefragt: „Itzig wohin reitest Du?" Itzig antwortet: „Weiß ich?! Frag das Pferd!" In der Jungschen Version heißt es natürlich: „Frag die Anima!"

2.4.1.   Bair, Deirdre: C.G. Jung. Btb. München. 2007

Carotenuto, Aldo (Hg.): Tagebuch einer heimlichen Symmetrie. Kore. Freiburg. 1986

McGuire, W. (Hg.): S. Freud – C.G. Jung. Briefwechsel. Fischer. Frankfurt/M. 1974

2.4.2.   Elma (1887–1970) und Gizella Pálos (1865–1948) und Sandor Ferenczi (1873–1933)

Auch Ferenczi, der zweite, neben Jung bedeutendste Meisterschüler Freuds, ist seinen Gegenübertragungsgefühlen erlegen.

Ich möchte hier die Gelegenheit nutzen, etwas Grundsätzliches zum Begriff der „Gegenübertragung" zu sagen. In der Terminologie Freuds ist damit schlicht die Übertragung des Analytikers auf seine Patienten gemeint. Bei Jung war es eine sexuelle Mutterübertragung, der er nicht standhielt. Helene Preiswerk, Sabina Spielrein und Toni Wolff hatten gemeinsam, dass sie – wie Jungs Mutter – paranormale Fähigkeiten hatten, Geisterseherinnen, Telepathinnen und Hellseherinnen waren. Das war das Übertragungsschema. Heute wird der Begriff Gegenübertragung inflationär und völlig falsch gebraucht, nämlich für Phänomene, die entweder unmittelbar telepathisch sind oder aber als eine emotionale Resonanz zu verstehen sind, die auf telepathischer Grundlage ruht. Das gesamte Empathiekonzept der zeitgenössischen Psychoanalyse beruht, so behaupte ich, in Wahrheit auf Telepathie, die als Gegenübertragung fehlbenannt, missverstanden und womöglich auch noch bewusst verschleiert wird. Hier aber geht es um echte Gegenübertragung, die zu unkontrolliertem Agieren führte. Ich fasse die unglaublich klingende Geschichte so knapp wie möglich zusammen.

F.s Affaire mit der verheirateten, von ihrem Mann getrennt lebenden Gizella Pálos begann schon 1900. Um 1910 nahm F. seine Geliebte in Analyse. (Auch Jung analysierte seine Frau.) Nach Beendigung der Analyse bat Gizella F., auch ihre Tochter Elma zu behandeln. Das tat F. und die Behandlung verlief reibungslos, bis Elmas Geliebter sich erschoß. In dieser Situation brauchte Elma F. besonders und da wurde F. „schwach". Er verliebte sich und es kam zum Austausch von Zärtlichkeiten (Küssen). F. beichtete dies Freud in einem Brief vom 3.12.1911 und bat ihn inständig, Elma in Analyse zu nehmen, da er nicht mehr Herr der Lage und seiner selbst sei. Als Freud zögerte, nötigte ihn F. geradezu, als „Feuerwehr" auszurücken und den Brand zu löschen. Von Januar bis April 1912 war Elma bei Freud in Analyse und Freud berichtete, von Elma grundsätzlich autorisiert, über die Fortschritte der Behandlung an F. Freud ließ keinen Zweifel daran, dass er definitiv Gizella und nicht Elma als Partnerin für Ferenczi für geeignet hielt. F. dagegen schwankte extrem zwischen

Gizella und Elma hin und her. F. nahm noch einmal Elma in Analyse, hielt die sexuelle Abstinenz ein und brachte die für beide Seiten mit großen psychischen Opfern verbundene Analyse zu einem notdürftigen Ende. F. entschied sich, im Grunde wie Freud es wollte, für Gizella und Elma heiratete einen Amerikaner. Die Ehe war nicht von Dauer. 1919 heirateten F. und Gizella und blieben bis zum Tod von F. zusammen. Man hat den Eindruck, dass F. sich Freuds Rat fügte, aber damit nicht wirklich glücklich wurde. Ich denke hier unwillkürlich an den Daueranalysepatienten Woody Allen, der seine Frau Mia Farrow verließ, um die gemeinsame, eine Generation jüngere Adoptivtochter zu heiraten. Es hat den Anschein, als ob diese Ehe glücklich sei. Was Freuds und Ferenczis Verhalten anbelangt, so muß man aus heutiger Sicht sagen, dass sie vieles taten, was heute als inakzeptabel eingestuft würde. Hoffer schämt sich denn offenbar auch für die beiden und setzt das Wort „Analyse" in Anführungszeichen, um auszudrücken, dass wir Heutigen keinesfalls solche Sachen machen. Andererseits bezeichnet er die Objekte seiner Scham als „Giganten", was seine Bewunderung ausdrücken soll. Ich halte beide Wege für keine Lösung. Zu behaupten, dass das, was Freud tat, keine Psychoanalyse gewesen sei, heißt, nicht nur anachronistisch, sondern sogar sinnlos zu handeln.

Wenn jemand Anrecht auf die Bezeichnung Psychoanalyse hat, dann der Begründer. Wenn wir zum Ausdruck bringen wollen, dass wir anders als Freud behandeln, dann sollten wir das Wort „Psycho-analyse" als Selbstbezeichnung für <u>unser</u> Tun in Anführung setzen, nicht umgekehrt. Im übrigen glaube ich, dass unsere heutigen Analysen, so verschiedenartig sie auch untereinander sein mögen, insgesamt keineswegs generell besser oder schlechter sind als die der Pioniere, nur anders. Gelegentlich hört man einen Fallbericht, z.B. über einen Patienten, der 1.600 Sitzungen lang lege artis über 8 Jahre behandelt wurde, ohne dass sich irgendeine erkennbare Veränderung zum Positiven zeigte. Solche Behandlungen hat es natürlich schon immer <u>auch</u> gegeben, man denke an den von Ulrike May beschriebenen Freud-Patienten Dirsztay (vgl. 2.2.19.). Aber worauf ist man dabei stolz? Doch nicht auf den Nachweis, dass diese Art von Analyse keinerlei Veränderung bringt! Das wäre ja in der Tat absurd. Es gibt modifizierte analytische Techniken jenseits der hochfrequenten IPV-Standardanalyse, die radikale Veränderungen in einem Bruchteil der dort aufgewendeten Zeit erbringen können. Doch wer nur hochfrequente Analyse macht und sie für den „Goldstandard" hält, nutzt auch keine Chance, diese effizienten Techniken kennenzulernen und zu erlernen.

2.4.2.   Falzeder, Ernst: Sigmund Freud – Sandor Ferenczi .Briefwechsel. Böhlau. Wien. 1993

Hoffer, Axel: Einführung.

In: Falzeder, a.a.O., Band II/1.

2.4.3.   S. Freud: Bemerkungen über die Übertragungsliebe

(Zitierhinweis: Diesen Text zitiere ich ausnahmsweise nach der Studienausgabe (1969-1979), weil ich deren Kommentar verwendet habe.)

F. sieht in der „Handhabung der Übertragung" die Hauptschwierigkeit der Analyse (219). Man kann sofort hinzusetzen: damit ist auch die Handhabung der Gegenübertragung gemeint. F. geht von dem Fall aus, dass eine Patientin sich in den männlichen Analytiker verliebt und ihre Liebe gesteht (219). Beides war im Fall Spielrein und im Fall Elma Pálos zutreffend. Freud berücksichtigt aber zunächst noch nicht die Tatsache, dass die Verliebtheit auch zuerst oder überhaupt einseitig auf der Seite des Analytikers sich einstellt. Die Übertragungsliebe einer Patientin fordert den Analytiker heraus und kann ihn überfordern, wie schon der Fall Breuer zeigt, der nach Freud vor den Schwierigkeiten der Übertragungsliebe der Bertha Pappenheim (die eine Scheinschwangerschaft mit Breuer als Vater inszenierte) schließlich geflohen sei (G.W. X, 49), was die Entwicklung der Psychoanalyse um ihr erstes Jahrzehnt verzögert habe (S.A., 219), weil Breuer von diesem „Ordal" so geschockt war, dass er die Psychotherapie aufgab.

Freud warf also Breuer vor, sich von der frühen Analyse abgewendet zu haben, weil er mit der Übertragungssexualität nicht zurechtkam. Und Jung wirft Freud, ohne ihn beim Namen zu nennen, dasselbe vor. Der Laie kann sich leicht drei Varianten des Ausgangs der Liebesgeschichte auf der Couch vorstellen: 1. Therapeut und Patientin heiraten und geben die Behandlung auf. 2. Sie trennen sich. 3. Sie gehen ein geheimes Verhältnis ein und setzen vielleicht die Analyse fort. Letzteres, so setzt F. sogleich hinzu, verbieten aber die bürgerliche Moral und die ärztliche Würde. Aber alle drei Varianten wurden natürlich in der Geschichte der PA praktiziert und werden bis auf den heutigen Tag ausgeübt.

Nicht selten heiraten Lehranalysandin und Lehranalytiker. Nicht selten heiraten Patientin und Therapeut. Oft genug muss eine Analyse beendet werden, weil die Übertragungsliebe sich als nicht auflösbar erweist. Und natürlich gibt es auch Variante 3. Mittlerweile aber gibt es auch eine 4. Variante, in der die Patientin den sexuell sich betätigenden Analytiker anzeigt, nicht selten dann, wenn er die Vorstellungen von dauerhafter Liebesbindung der Patientin nicht einzulösen bereit ist.

F. erklärt, dass es die analytische Situation selbst sei, die die Übertragungsliebe hervorrufe und nicht die Person des Arztes (220). Die Verliebtheit in den Therapeuten entspricht der Übertragungsneurose, die sich in der Analyse zwangsläufig und erwünscht ausbilden müsse. Die Dramatik des „Einklinkens" der Übertragungsliebe hat F. anschaulich mit dem Ausbruch eines realen Feuers im Theater beschrieben: vorher war alles Spiel, jetzt ist es Ernst. F. deutet den Widerstandscharakter der Übertragungsliebe, lässt sie aber nicht, wie viele es verkürzt wahrnahmen, darin sich erschöpfen. Die Übertragungsliebe ist eine echte Liebe. Sie muss ernstgenommen werden, darf aber nicht erfüllt werden. Der Analytiker muss „trotz dieser Liebesübertragung und durch dieselbe hindurch"die Analyse fortsetzen, darf nicht davonlaufen, sondern muss die Übertragung auf ihren Ursprung in der infantilen Situation des Patienten zurückführen. Erst dann, wenn er seine Gefühle als Neuauflage alter Gefühle zu Vater oder Mutter z.B. verstehen kann, kann der Pat. sie loslassen und zu seiner freien Liebesfähigkeit finden. Das geht aber alles nicht, wenn der Analytiker nicht seine eigene Gegenübertragung durchschauen und beherrschen, F. sagt „niederhalten" (224) kann. Und das konnte Jung eben nicht. Und Ferenczi rief die Feuerwehr Freud zu Hilfe, als er merkte, dass er drauf und dran war, mit Elma ins Bett zu gehen. Unter allen Umständen aber müsse der Analytiker der liebesbedürftigen Patientin die verlangte Befriedigung versagen. „Die Kur muss in der Abstinenz durchgeführt werden" (224).

Dieser Satz hat den Charakter eines unumstößlichen Gesetzes, eines Tabus. „Das Liebesverhältnis macht eben der Beeinflussbarkeit durch die analytische Behandlung ein Ende; eine Vereinigung von beiden ist ein Unding" (225). Auf eine Vereinigung von beiden aber setzte Otto Gross seine therapeutische Technik und C.G. Jung praktizierte diese Vereinigung von (sogar mutueller) Analyse und Liebesverhältnis mit Toni Wolff. Dass dabei kein Erkenntnisgewinn gewonnen und nur wechselseitige unauflösbare Abhängigkeit herauskam, hätte Jung niemals zugeben können, da er ja gerade aus dieser Gemengelage die größten Erkenntnisse vermeintlich gewann.

Der Weg, den F. proklamiert ist, „Man hütet sich, von der Liebesübertragung abzulenken, sie zu verscheuchen oder der Patientin zu verleiden; man enthält sich ebenso standhaft jeder Erwiderung derselben. Man hält die Liebesübertragung fest, behandelt sie aber als etwas Unreales, als eine Situation, die in der Kur durchgemacht, auf ihre unbewußten Ursprünge zurückgeleitet werden soll und dazu verhelfen muss, das Verborgenste des Liebeslebens der Kranken dem Bewusstsein und der Beherrschung zuzuführen" (226). Obwohl Freud das selbst nicht so sah, ist das eine Ethik der Triebbeherrschung und des Triebverzichts – für beide Seiten! Das können nur Menschen, die, konstitutionell wie Freud meinte, dafür disponiert sind, nicht diejenigen Frauen, die nur Verständnis für „Suppenlogik mit Knödelargumenten" hätten und Männer wie Jung mit unbeherrschbaren Trieben oder aber dem Unwillen, diese zu beherrschen.

Das bedeutet, dass nur charakterlich geeignete Kandidaten zur psychoanalytischen Ausbildung zugelassen werden dürfen und die Auswahl nicht nur aufgrund der intellektuellen Fähigkeiten erfolgen darf. Der Analytiker darf die Übertragungsliebe der Patientin, die er selbst durch die analytische Situation heraufbeschworen hat, nicht für seine eigenen sexuellen oder narzisstischen Bedürfnisse ausnutzen: „Damit steht es für ihn fest, dass er keinen persönlichen Vorteil aus ihr ziehen darf" (228). Nur durch Analyse in Abstinenz, niemals durch direkte Triebbefriedigung kann „das in seiner Liebesfähigkeit durch infantile Fixierungen behinderte Weib zur freien Verfügung über diese für sie unschätzbar wichtige Funktion" befreit werden (229). Hier stehen sich tatsächlich zwei Auffassungen gegenüber: die von Otto Gross und zeitweilig C.G. Jung, dass die Triebbefriedigung selbst in der analytischen Situation ein Therapeutikum sei einerseits und Freuds Haltung der Abstinenz andererseits. Tertium non datur. So kämpfe der Analytiker einen dreifachen Kampf: 1. gegen seine Gegenübertragung. 2. gegen die Gegner der Analyse, die die Bedeutung der Sexualität leugnen und die Analyse als schmutziges, sittenverderbendes Unterfangen disqualifizieren und 3. gegen die Überwältigung durch die Übertragungsliebe der Patientin (230).

2.4.3.   Freud, S.: Studienausgabe. Ergänzungsband. Mitscherlich, A. (Hg.).
          Fischer. Frankfurt/M. 1969-1979

2.5. „Totem und Tabu" findet Widerspruch in der Wissenschaft und Anerkennung in der Avantgarde

Freud hat in „Totem und Tabu" (1912/1913) in einer genialen, kühnen aber natürlich nicht beweisbaren und daher leicht anfechtbaren Spekulation den Mord am grausamen, die Söhne kastrierenden oder austreibenden Urvater durch eben diese sich zusammenschließenden Söhne (und damit den Ödipuskomplex als den Kern aller Neurosen) zum konkreten Ursprungspunkt gemacht, in dem „die Anfänge von Religion, Sittlichkeit, Gesellschaft und Kunst zusammentreffen" (G.W. IX, 188). Er glaubte den Urmord als Kern des Totemismus nachweisen zu können, aus dem Schuldgefühl der Söhne hervorgegangen mit nachträglichem Gehorsam gegenüber dem Urvater in der Errichtung des Tötungsverbots und des Inzestverbots (Sittlichkeit). Die Reue (geboren aus der Ambivalenz von Hassen und Lieben) über den Urmord etablierte den Begriff des Verbrechens. Der Mord am Urvater schuf über die sozialen Bindungen der Söhne die erste Gesellschaftsform, die Clangesellschaft und fand – in entstellter Form – seinen Nachhall in der Griechischen Tragödie (188). Freud nimmt wie Nietzsche ein von Generation zu Generation weitergegebenes Schuldbewußtsein an, das auch heute noch nachwirkt. Diese kühne Konstruktion fand in der Wissenschaft wegen der affektiven Widerstände, die sie auslöste, keine herzliche Aufnahme. Bei den Psychiatern sowieso nicht, aber auch nicht bei den Religionswissenschaftlern und Theologen, die sich von diesem Störenfried, der in ihren Gewässern fischte, provoziert fühlten. Wieder war es die Avantgarde, die noch am ehesten positiv reagierte. Lou von Salomé erkannte sofort die Genialität von Freuds Gedankengang. Franz Kafka ließ sich von Freuds Schrift in seiner Erstlings-Erzählung „Das Urteil" beeinflussen (Binder I, 410). Thomas Mann würdigte nicht nur die gedankliche, sondern auch die schriftstellerische Leistung Freuds und fand Stil und Komposition der vier Teile bewundernswert. Dennoch hat „Totem und Tabu" offenbar keinen Stoff für große Romanliteratur abgegeben, obwohl doch der Religionshistoriker Eliade die Schrift selbst (abwertend) als „roman noir et frénetique" bezeichnete (Eliade, 62).

(Coppolas Verfilmung „Apocalypse Now" von Conrads 1899 erschienener Novelle „Heart of Darkness" scheint mir allerdings deutlich die Kenntnis von Freuds Schrift zu verraten.)

2.5.   Binder, Hartmut: Kafka-Handbuch. Kröner. Stuttgart. 1979

Eliade, Mircea: Das Okkulte und die moderne Welt. Otto Müller. Salzburg. 1982

Der zweite Band „Buddha" ist im selben Verlag erschienen.

Anschrift des Verfassers

Anton Uhl
Herrichstr. 27
93049 Regensburg
Tel./Fax: 0941 - 24504